启秀文库

孙宜学◎主编

大学

[春秋]曾参◎著　白云玲◎译注

朝華出版社
BLOSSOM PRESS

图书在版编目（CIP）数据

大学 /（春秋）曾参著；白云玲译注 . -- 北京：朝华出版社，2024. 11. --（启秀文库 / 孙宜学主编）.
ISBN 978-7-5054-5498-9

Ⅰ . B222.1

中国国家版本馆 CIP 数据核字第 2024XC5097 号

大学

[春秋] 曾参　著
白云玲　译注

选题策划　黄明陆　李金水
责任编辑　刘小磊
责任印制　陆竞赢　訾　坤

出版发行　朝华出版社
社　　址　北京市西城区百万庄大街 24 号　　邮政编码　100037
订购电话　（010）68996522
传　　真　（010）88415258
联系版权　zhbq@cicg.org.cn
网　　址　http://zhcb.cicg.org.cn
印　　刷　三河市龙大印装有限公司
经　　销　全国新华书店
开　　本　920mm × 1260mm　1/16　　字　　数　82 千
印　　张　8.5
版　　次　2024 年 11 月第 1 版　　2024 年 11 月第 1 次印刷
装　　别　精
书　　号　ISBN 978-7-5054-5498-9
定　　价　42.00 元

“启秀文库”编委会

总序

中国传统文化经典作品是中国智慧的结晶和集中体现，源于中国人的生存智慧、生命智慧，是一代代中国人对天地万物、时序经纬的心灵感悟和提炼总结，已成为人类精神文明的宝贵财富。至今，这些作品仍能释日常生活之惑、解亘古变化之谜，为世界的未来提供中国范式。

中国和世界需要既包蕴中国传统文化精髓，又能真实反映新时代中国文化新发展、新概念的中国传统文化经典著作，这样的著作应具备以下特点：

1. 兼具知识的广度与理论的深度。能撷取中华优秀传统文化的精华，体现中国人的思维方式和中国文化特质，同时具有内在的理论逻辑，集知识性、系统性、科学性于一体。

2. 兼具学术的高度和历史的维度。能讲清楚“何谓‘文’”“何谓‘化’”和“何谓‘文化’”，并立足于中国和世界文化发展史，以中国传统文化典籍为历史线索，阐释、勾勒出中国文化发展历史的昨天、今天和明天。引导读者通过中国文化内涵的特殊性和普适性元素了解中国文化如何不断推陈出新，中国智慧如何不断博观约取、吐故纳新。

3. 兼具精准的角度和客观的态度。能基于读者的客观诉求、阅读习惯和审美习惯，充分发掘和利用中国的地域、经济和文化特点，全面深入研究中国文化资源，保证经典著作能“贴近不同区域、不同国家、不同群体受众”，更直接有效地“推进中国故事和中国声音的全球化表达、区域化表达、分众化表达”。

4. 兼具多元的维度与开放的幅度。能基于世界阅读中国的目标，从中外文化互鉴视角，成为世界文化多维度交流互鉴的载体和可持续阐释的源文本。

我们选编这套“启秀文库”，即因此，并为此。中国人阅读这些作品，可以学会更好地生活；外国人阅读这些作品，可以了解和理解中国人的美好生活是一种什么样的历史形态。中外读者共同汲取其中的智慧，可以知道如何建设一个和谐美丽的世界，以及未来的世界会如何美好。

伟大的经典作品，都是为了将日常的生活变得更加美好。在建设“人类命运共同体”的今天，中国文化的精神滋养不应只培育中华民族子孙的天下情怀，还应引导世界人民学会欣赏中国之美、中国之魂、中国之根，在促使世界更深刻理解中国的历史和当代的同时，实现不同民族文化的和谐相处、共生共进。

在中华民族开启向第二个百年奋斗目标进军的新征程之际，中国文化发展也必将进入一个新阶段。这套丛书的时代价值，在于其将“中华文化感召力、中国形象亲和力、中国话语说服力、国际舆论引导力”融入编写、注释和诠释的全过程，从而使传统文化经典作品更能适应新时代，更有能力承载与传播中华文化精髓，向世界讲好中国故事。

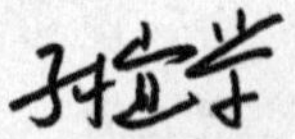

2024 年 7 月

于同济大学

前言

我国自古有“四书五经”一说。“四书”包括《大学》《中庸》《论语》《孟子》，而“五经”则包括《诗》《书》《礼》《易》《春秋》。实际上，《大学》《中庸》是《礼》（又称《礼记》）中的两篇，宋代朱熹将它们单独提出来放在“四书”里，作为儒家信奉者和推崇者的必读书目，可见它们作为儒家经典的组成部分价值独特，影响深远。

《大学》详细地归纳了先秦儒家的伦理道德思想，系统地讲述了儒家安身立命的原则和方法。相传为孔子的弟子曾参所作。

《大学》认为人的一生中最重要的或者说最根本的三件事是齐家、治国、平天下，这三件事是因果相承、紧密联系的。然而，它们必须以德为本。因此，《大学》强调修身，将怎样修身放在核心位置，说“自天子以至于庶人，壹是皆以修身为本”，并具体论述了修身的方法，即格物、致知、诚意、正心。《大学》认为人的修心养性不仅局限于自省，还是一个同外界事物积极接触，通晓知识事理，培养道德情操，使人格渐趋完善的过程。

《大学》的言论与思想，涉及人的自身修养、人与他人、人与社会等多方面内容，对于今人来说，具有普遍的教育意义。

书中难免存在错谬之处，敬请批评指正！

编者

2024 年 5 月

目录

宗圣曾子像赞

宋高宗绍兴十四年御制赞

大孝要道　用训群生　以纲百行　以通神明

因子侍师　答问成经　事亲之实　代为仪刑

宋大中祥符二年尚书右仆射张齐贤赞

孝乎惟孝　曾子称焉　唐虞比德　洙泗推贤

服膺授旨　终身拳拳　封峦饬赠　永耀青编

皇明山东巡抚陈凤梧圣贤道统曾子赞

守约以博　学恕以忠　圣门之传　独得其宗

一贯之旨　三省之功　格致诚正　万世所崇

小像赞

重远之器　壁立之仪　鲁哉参也　诚以自持

一趋一步　范我驱驰　身肩道统　迹印宣尼

请所与图赞

孝也养志　奚必美炙　若以口体　风焉斯下

失意承之　方舜之驾　然诸家庭　声高太华

唐高宗总章元年二月十九日赠太子少保从祀庙庭，睿宗太极元年赠太子太保，玄宗开元八年配享孔子，二十七年追封郕伯，宋真宗大中祥符二年五月加封瑕丘侯，徽宗政和六年六月太常寺奏孔子高弟所封侯爵，与先圣名同，失弟子尊师之礼，改封武城侯，度宗咸淳三年正月加封郕国公，元文宗至顺元年闰七月加封郕国宗圣公，明世宗嘉靖九年改称宗圣曾子。

国朝
圣祖仁皇帝御制赞

洙泗之传　鲁以得之　一贯曰唯　圣学在兹

明德新民　止善为期　格致诚正　均平以推

至德要道　百行所基　纂承统绪　修明训辞

程子提示

原文

子程子[①]曰：《大学》，孔氏[②]之遗书，而初学入德之门也。于今可见古人为学次第[③]者，独赖此篇之存，而《论》[④]《孟》[⑤]次之。学者必由是而学焉，则庶乎其不差矣。

注释

①子程子：第一个“子”是老师的意思。第二个“子”字是古时对男子的尊称。程子（1033—1107 年）名颐，字正叔，后学者尊称伊川先生。北宋理学家、教育家。

②孔氏：孔子（前 551—前 479 年），名丘，字仲尼。春秋末期思想家、教育家、政治家，儒家学派的创始者。整理《诗》《书》，整修《春秋》，现存的《论语》是研究儒学的重要资料。

③次第：次序。

④《论》：即《论语》，一部记录孔子与弟子之间、孔子弟子之间，以及弟子与再传弟子之间对话的语录体著作。全书共 20 篇，内容包括政治主张、哲学思想、品德修养、伦理道德和教

育原则等各个方面。

⑤《孟》：即《孟子》，是被儒家学派称为“亚圣”的孟子及其弟子的著作。书中记载了孟子的政治活动、政治学说以及哲学、伦理、教育等思想。孟子是继孔子之后儒家学派的又一位大师，《孟子》一书就是他和弟子写成的。

译文

程颐先生说：《大学》是孔子传下来的书，它是开始学习道德理论的人的入门路径。如今人们还可以见到古人做学问的次序，特别依赖这篇《大学》，其次是《论语》《孟子》。学习者如果沿着《大学》的顺序去学习，那么就差不多进入道德门径了。

第一章　经文

原文

大学①[1]之道，在明②明德[2]，在亲③民[3]，在止于至善④[4]。

注释

①大学：古人8岁入小学，识文及学简单家务。15岁入大学，学做人及治国平天下的大道理。

②明：显明，光明。

③亲：当作“新”，革新。

④至善：善的最高境界。

译文

《大学》的原理，在于使人们的美德得以彰显，在于使天下的人革旧更新，在于使人们达到最美好的理想境界。

朱熹注

[1] 大学者，大人之学也。[2] 明，明之也。明德者，人

之所得乎天，而虚灵不昧，以具众理而应万事者也。但为气禀所拘，人欲所蔽，则有时而昏；然其本体之明，则有未尝息者。故学者当因其所发而遂明之，以复其初也。[3]程子曰："亲，当作新。"新者，革其旧之谓也，言既自明其明德，又当推以及人，使之亦有以去其旧染之污也。[4]止者，必至于是而不迁之意。至善，则事理当然之极也。言明明德、新民，皆当止于至善之地而不迁。盖必其有以尽夫天理之极，而无一毫人欲之私也。此三者，《大学》之纲领也。

张居正讲评

这一章是孔子的经文，这一节是经文中的纲领。孔子说："大人为学的道理有三件。一件在明明德。上明字，是用工夫去明他；明德，是人心虚灵不昧，以具众理而应万事的本体。但有生以后，为气禀所拘，物欲所蔽，则有时而昏，故必加学问之功，以冲开气禀之拘，克去物欲之蔽，使心之本体，依旧光明，譬如镜子昏了，磨得还明一般，这才是有本之学，所以《大学》之道，在明明德。一件在亲民。亲字，当作新字，是鼓舞作兴的意思；民，是天下的人，天下之人，也都有这明德，但被习俗染坏了，我既自明其明德，又当推以及人，鼓舞作兴，使之革去旧染之污，亦有以明其明德。譬如衣服涴了，洗得重新一般，这才是有用之学，所以《大学》之道，在新民。一件在止于至善。止，是住到个处所不迁动的意思；至善，是事理当然之极；大人明己德、新民德，不可苟且便了，务使己德无一毫之不明，民德无一人之不新，到那极好的去处，方才住了。譬如赴家的一般，必要走到家里才住，这才是学之成处，所以《大学》之道，在止于至善。”这三件在《大学》如网之有纲，衣之有领，乃学者之要务，而有天下之责者，尤当究心也。

赏析

《大学》本是《礼》中的一篇，北宋程、朱将其单独提出，并为其分章。朱熹依据程子的定本，分《大学》为“经”一章，“传”十章。“经”是基本观点，“传”是对“经”的阐述。本书第一章为“经”，从第二章至第十一章为“传”。

《大学》依据孔子的“仁政”思想，阐明了新生的地主阶级“治国平天下”的理论。文中提出三条基本原则（三纲）和八个方法步骤（八目）。这一段经文就是“三纲”的内容：明明德，新民，止于至善。《大学》认为，人生来就具有高尚的“明德”，入世之后，“明德”被掩，需要经过“大学之道”的教育，重新发扬明德，革新民心，以达到道德完美尽善的境界。

原文

知止①而后有定[1]，定而后能静[2]，静而后能安[3]，安而后能虑[4]，虑而后能得②[5]。物有本末③，事有终始，知所先后④，则近道矣。[6]

注释

①知止：知道当止的地步。指上文“止于至善”。

②得：获得（至善）。

③本末：指树根与树梢。比喻事物的因果。

④知所先后：能够知道并把握道德修养的先后次序。

译文

知道应达到“至善”这个理想境界，然后才能有确定的志向，确定志向然后才能内心宁静，内心宁静然后才能泰然安稳，泰然安稳然后才能考虑周详，考虑周详然后才能达到理想的境界。世上万物都有根柢和末梢，世上万事都有结局和发端，能够通晓它们的先后次序，那么，就能够接近《大学》的原理了。

朱熹注

[1]后，与“後”同，“後”放此。止者，所当止之地，即至善之所在也。知之，则志有定向。[2]静，谓心不妄动。[3]安，谓所处而安。[4]虑，谓处事精详。[5]得，谓得其所止。[6]明德为本，新民为末。知止为始，能得为终。本、

始所先；末、终所后。此结上文两节之意。

张居正讲评

这一节是承上文说明德、新民所以得止至善之由。止，就是止于至善的止字；定，是志有定向。人若能先晓得那所当止的去处，其志便有定向，无所疑惑，所以说知止而后有定。静，是心不乱动，所向既定，心里便自有个主张，不乱动了，所以说定而后能静。定，是安稳的意思，心里既不乱动，自然随处皆安，凡物都动摇他不得，所以说静而后能安。虑，是处事精详，心里既是安闲，则遇事之来，便能仔细思量，不忙不错，所以说安而后能虑。得，是得其所止，既能处事精详，则事事自然停当，凡明德、新民，都得了所当止的至善，所以说虑而后能得。夫由知止而后至于能得，可见欲止至善者，必当先知所止也。

物，指明德、新民而言；本，是根本，末，是末梢。明德了才可新民，便是明德为本，新民为末，恰似树有根梢一般。事，指知止、能得而言；终，是临了；始，是起头；知止了，方才能得，便是知止为始，能得为终，如凡事都有个头尾一般。这本与始，是第一要紧的，该先做；末与终，是第二节功夫，该后面做。人能晓得这先后的次序顺着做去，则路分不差，自然可以明德新民，可以知止能得，而于大学之道，为不远矣。

赏析

这一段是阐述如何在思想上摆正“至善”的位置。知止，定，静，安，虑，得，这是《大学》阐述的明理的六个阶段。

《大学》认为世间万物都有自己的先后次序，万事万物都有结局和发端，所以明白事物的道理也具有先后次序，不可能一步达到理想的境界，即本段所说的“得”。要达到最高境界需从最初步骤开始做起，就是“知止”。首先要知道应达到的理想境界是“至善”，然后再一步步深化下去，最终达到至善。

原文

古之欲明明德于天下者，先治[1]其国①；欲治其国者，先齐②其家；欲齐其家者，先修其身；欲修其身者，先正③其心；欲正其心者，先诚④其意；欲诚其意者，先致其知⑤；致知在格物⑥。[2]

注释

①国：即诸侯国。

②齐：整齐。

③正：端正。

④诚：真诚，诚实。

⑤致：推及。知：心识。

⑥格：到达，至。物：事。

译文

古时候，想要使美德显明于天下，先要治理好自己的邦国；想要治理好自己的邦国，首先要整治好自己的家族；想要整治好自己的家族，首先要努力提高自身的品德修养；想要提高自身的品德修养，首先要端正自己的内心；想要端正自己的内心，首先要自己意念真诚；想要自己意念真诚，首先要达到良知明确；达到良知明确的方法就在于推究事物的原理。

朱熹注

[1]治，平声，后放此。[2]明明德于天下者，使天下之

人皆有以明其明德也。心者，身之所主也。诚，实也。意者，心之所发也。实其心之所发，欲其一于善而无自欺也。致，推极也。知，犹识也。推极吾之知识，欲其所知无不尽也。格，至也。物，犹事也。穷至事物之理，欲其极处无不到也。此八者，《大学》之条目也。

张居正讲评

这一节是《大学》的条目功夫，其序如此。诚，是实；致，是推极；知，是识；格，是至；物，是事物。孔子说："明德新民，固大人分内之事，而工夫条目，则有所当先。在昔古之人君，任治教之责，要使天下之人，都有以明其明德者，必先施教化，治了一国的人，然后由近以及远。盖天下之本在国，故欲明明德于天下者，先治其国也。然要治一国的人，又必先整齐其家人，以为一国的观法，盖国之本在家，故欲治其国者，先齐其家也。然要齐一家的人，又必先修治己身，以为一家之观法，盖家之本在身，故欲齐其家者，先修其身也。身不易修，而心乃身之主宰，若要修身，又必先持守得心里端正，无一些偏邪，然后身之所行，能当于理。所以说，欲修其身者，先正其心。心不易正，而意乃心之发动，若要心正，又必先实其意念之所发不少涉于欺妄，然后心之本体能得其正。所以说，欲正其心者，先诚其意。至于心之明觉谓之知，若要诚实其意，又必先推及吾心之知，见得道理无不明白，然后意之所发或真或妄，不致错杂，所以说，欲诚其意者，先致其知。理之散见寓于物，若要推及其知，在于穷究事物之理，直到那至极的去处，然后所知无有不尽，所以说，致知在格物。”这格物、致知、诚意、正心、修身，是明明德的条目；齐家、治国、明明德于天下，是新民的条目；人能知所先后，而循序为功，则己德明、民德新，而止至善在其中矣。《大学》之道，岂有外于此哉！

赏析

《大学》第一章主要阐述“三纲”和“八目”的内容。

“三纲”就是前文提到的“明明德”“亲民”“止于至善”。所谓“八目”就是这一段提到的“格物”“致知”“诚意”“正心”“修身”“齐家”“治国”“平天下”。

其实，“八目”就是八个步骤，前一段说到明理的六个阶段，是告诉我们在思想上如何去认识，“八目”是告诉我们在行动上如何去实践，它们之间有明显区别。“八目”阐述了如何在实践中达到“三纲”的要求。在“八目”中，“修身”是根本，也是关键。以“修身”为中心，前四目是“修身”的方法，后三目是“修身”的目的。

朱熹说《大学》是“为学纲目”“修身治人底规模”。读《大学》是入儒门的基础，要读懂必先明“三纲”“八目”，所以朱熹提出“格物致知”就要穷尽事物的道理。人生所要达到的“齐家”“治国”“平天下”都是以“格物致知”为基础的。可见明确“三纲”“八目”的重要性。

原文

物格而后知至[1]，知至而后意诚[2]，意诚而后心正[3]，心正而后身修，身修而后家齐，家齐而后国治[4]，国治而后天下平[5]。自天子以至于庶人①，壹②是[6]皆以修身为本。[7]

注释

①庶人：百姓，平民。西周起称农业生产者为庶人。春秋时，其地位在士以下，工商奴隶以上。《荀子·王制》言：“君者舟也。庶人者水也。水则载舟，水则覆舟。”

②壹：所有，一律。

译文

只有推究事物的原理，然后才能达到良知明确；只有达到良知明确，然后才能意念真诚；只有意念真诚，然后才能心思端正；只有心思端正，然后才能修养自身道德；只有提高了自身的道德修养，然后才能整治好自己的家族；只有整治好自己的家族，然后才能治理好邦国；只有治理好邦国，然后才能使天下太平。从天子直到平民，所有人都要以修养自身道德为根本。

朱熹注

[1] 物格者，物理之极处无不到也。知至者，吾心之所知无不尽也。[2] 知既尽，则意可得而实矣。[3] 意既实，则心

可得而正矣。[4] 治，去声，后放此。[5]“修身”以上，明明德之事也。“齐家”以下，新民之事也。物格知至，则知所止矣。“意诚”以下，则皆得所止之序也。[6] 壹是，一切也。[7]“正心”以上，皆所以修身也。“齐家”以下，则举此而错之耳。

张居正讲评

这一节是复说上文的意思。至，是尽处，人能于天下事物的道理，一一都穷究到极处，然后心里通明洞达，无少亏蔽，而知于是乎可至。夫物格而后知至，可见致知在于格物也。知既到了至处，然后善恶真妄，见得分明，心上发出来的念虑，都是真实，无些虚假，而意于是乎可诚。夫知至而后意诚，可见欲诚其意者，当先致其知也。意诚，然后能去得私欲，还得天理，而虚灵之本体，可以端正而无偏。夫意诚而后心正，可见欲正其心者，当先诚其意也。正心，然后能检束其身，以就规矩，凡所举动，皆合道理，而后身无不修。夫心正而后身修，可见欲修其身者，当先正其心也。身修，然后能感化那一家的人，都遵我的约束，家可得而齐矣。夫身修而后家齐，可见欲齐其家者，当先修其身也。家齐，然后能感化那一国的人，都听我的教训，国可得而治矣。夫家齐而后国治，可见欲治其国者，当先齐其家也。国治，然后能感化那天下的人，都做良民善众，与国人一般，天下可得而平矣。夫国治而后天下平，可见欲明明德于天下者，当先治其国也。物格知至，是知所止了。意诚、心正、身修，是明德得其所止的事；家齐、国治、天下平，是新民得其所止的事；圣经反复言之，一以见其次第不可紊乱，一以见其工夫不可缺略，此入大学者之所当知也。

壹是解做一切。孔子说："大学的条目虽有八件，其实上自天子，下至庶人，尽天下的人，一切都要把修身做个根本。"盖格物致知，诚意正心，都是修身的工夫。齐家、治国、平天下，都是从修身上推去。所以人之尊卑，虽有不同，都该以修身为本也。

赏析

格物、致知、诚意、正心、修身、齐家、治国、平天下是《大学》的"八目"。

这一段是上一段的反述，上一段是从平天下一直讲到格物，这一段是从格物开始讲起，一直讲到平天下。这一段的重点是最后一句，"自天子以至于庶人，壹是皆以修身为本"。把修身摆在第一位是这一段所阐述的思想的核心。"八目"以修身为根本，前四目是修身的方法，后四目是修身的目的，方法正确，可做到修身，但是修身的目的不一定能达到，所以孟子说："穷则独善其身，达则兼济天下。"这就是说"修身"本身就是修身的目的，至于能否"兼济天下"就要看外部条件是否允许，要看自己是"穷"还是"达"。

所以这"八目"中前四目是内修，后三目是外修，也就是需要创造外部条件。最后一句指明君子应以内修为根本。

原文

其本[1]乱，而末治者，否矣①。其所厚[2]者薄②，而其所薄者厚，未之有也。[3]

注释

①否矣：没有，不可能。

②厚：看重，尊重。薄：鄙视，蔑视。

译文

一个人，他自身的道德修养根本败坏了，却要他做到齐家、治国、平天下，那是根本不存在的事。他尊重的人反而鄙视他，而他所蔑视的人反而尊重他，这样的事情也是从来不可能有的。

朱熹注

[1]本，谓身也。[2]所厚，谓家也。[3]此两节结上文两节之意。

张居正讲评

本，指身说；末，指家国天下说；否，是不然；身既为家国天下的根本，必修了身，才可以齐家、治国、平天下，若不能修身，是根本先乱了，却要使家齐、国治、天下平，就如那树根既枯了，却要他枝叶茂盛，必无此理，所以说，否矣。厚，指家人说；薄，指国与天下之人说；家国天下之人，虽都是当爱的，然家亲而国与天下疏，亲的在所厚，疏的在所薄，必厚其所厚，而后能及其所薄也。若不能齐家，是所厚的且先薄了，却要治国、平天下，将那所薄的，反得加厚，必无此理，所以说，未之有也。前一节，是就八条目中指出修身最为紧要；这一节，是明修身之所以为要，而因言齐家又为治国、平天下之要，皆所以结上文两节之意也。

赏析

这一段是直接承接上一段的，上一段解说以修身为根本，这一段指出本末不可颠倒，“本”乱，“末”就不可能治，意思是没有达到根本要求，就不可能完成齐家、治国、平天下的志愿。从没听说过某个人自身品德修养低下却能很好地治理家庭、国家，并将美德彰显于天下。人的处事做人，不能无亲疏厚薄，对父应孝，对兄应悌，不孝父而孝他人之父，不悌兄而悌他人之兄，这就是应该厚的反而薄，应该薄的反而厚，这样的事是绝不会有的；若有，那么只能说明他的自身品德修养低下。这样的人不可能齐家、治国、平天下。为官当政的，要是能够把孝顺父母、友爱兄弟之心，波及天下百姓，那他必将成为一个忠于百姓、爱护百姓，和百姓同呼吸、共命运的杰出领导人。孝顺父母、友爱兄弟，本属家庭中事，是修身的内容，是齐家的内容，也是治国、平天下的基础。身不修，家不齐，就无法治国平天下，所以本段说，“否矣”“未之有也”。

朱熹提示

右经①一章，盖②孔子之言，而曾子③述之。其传④十章，则曾子之意而门人记之也。旧本颇有错简⑤，今因⑥程子所定，而更考经文，别为序次如左。

注释

①右：指前面。经：指第一章经文部分。本章相传是“孔氏遗书”，儒家的著作典范，故称之为“经”。

②盖：大约，大概。

③曾子：即曾参，字子舆（前505—前435年），鲁国南武城人（今山东枣庄，一说今山东嘉祥），孔子的弟子。

④传（zhuàn）：即传记，此处指解释经书的文字，《大学》第二至十一章为传。

⑤错简：古代的书籍是写在竹片上并且按次序串联编成的，竹片前后次序错乱叫错简。后用来形容文字颠倒错乱。简，即竹片。

⑥因：依照，根据。

译文

朱熹说：以上一章是“经”文。大概是孔子所讲，由曾参记录转述的。以下十章是“传”文，则是曾参的见解，并且由他的学生记录下来。旧版本的文字错乱颠倒之处有很多，现在依照伊川先生的校正，重新考证经文，按以下顺序确定章节次序。

张居正讲评

右，是指以前说。经字，解做常字。一章，是一篇。这以前说的自大学之道至未之有也一篇，是孔子所作的，备言修己治人的道理，乃万世不可易者，所以谓之经文。

第二章　释“明明德”

原文

《康诰》①[1]曰：“克[2]明德。”②

《大甲》③[3]曰：“顾諟天之明命[4]。”④

《帝典》⑤[5]曰：“克明峻[6]德⑥。”皆自明也⑦。[7]

注释

①《康诰》:《尚书·周书》的章节名。《尚书》又叫《书经》，原名为《书》，是追述上古人物事迹和历史文献的汇编类丛书。其中有《虞书》《夏书》《商书》《周书》四部分。周公平定武庚的叛乱后封康叔于殷地，《康诰》是周公封康叔时作的文诰。

②克明德：其原句是“惟乃丕显考文王，克明德慎罚。”属赞扬文王的话。克，能够。明，崇尚。

③《大甲》：即《太甲》，《尚书·商书》中的篇名。

④顾諟天之明命：这是伊尹训诫太甲的话。顾，回顾思念。諟，古“是”字，犹此的意思。天之明命，即上天所赋予我的光辉使命，我之所以明德之意。

⑤《帝典》：即《尧典》，《尚书·虞书》中的篇名。主要记载尧、舜二帝的事迹。

⑥克明峻德：意思是为人能明德，必定能发扬光大。峻，大。

⑦皆自明也：是言明己德的意思。皆，指以上引用的几段文字。

译文

《康诰》说："能够有彰显光明的德性。"

《太甲》说："经常思念上天赋予的。"

《帝典》说："能够彰显伟大崇高的德性。"

这些书上所说的意思都是要使自己的美德得以发扬和光大。

朱熹注

[1]《康诰》，周书。[2]克，能也。[3]《大甲》，商书。大，读作泰。[4]顾，谓常目在之也。諟，古是字，犹此也，或曰审也。天之明命，即天之所以与我，而我之所以为德者也。常目在之，则无时不明矣。[5]《帝典》，《尧典》，虞书。[6]峻，《书》作俊。大也。[7]结所引《书》，皆言自明己德之意。

张居正讲评

这一章是曾子解释经文"明明德"的说话。《康诰》是《周书》篇名。克，是能；德，是人生所得之理。武王作书告康叔说："人皆有德，但为气禀物欲所蔽，以致昏昧不明，惟文王能明之，无一毫之昏昧，所以为周之圣君。"《太甲》是《商书》

篇名，顾，是常常地看着。是字，解作此字。明命，即是明德，以其为天所赋予之理，所以又叫做明命。伊尹作书告太甲说："人皆有此明命，而心志放逸忽忘者多，惟成汤能心上时时存着，恰似眼中时常看着的一般，无一时之怠玩，所以为商之圣君。"《帝典》是《书经》中《尧典》。峻，是大。《尧典》中说："人皆有这大德，被私欲狭小了，惟尧能明之，至于光四表而格上下，所以为唐之圣君。"自是自己，曾子解说："这三书所言，虽是不同，然曰德、曰明命、曰峻德，即是经文所谓明德也。曰克明、曰顾是，又曰克明，即是经文所谓明明德也。"总之，都是自明己德的意思，所以说皆自明也。

赏析

这是"传"文第一章，阐述"明明德"的思想，《大学》"传"文对"经"文的阐释多以引用古书上的句子来完成。

"明明德"是"经"文"三纲"之一，也是《大学》思想的根本。程子认为《大学》为初学入德之门，而"明明德"又是学习《大学》之门。道德是第一性的，中国传统思想在处理道德与言行、道德与学习、道德与才能的关系时都把道德摆在第一位。《大学》"经"文里说到本末之分，就是要把道德放在本的位置上，学习、才能、言行是末，都要以道德为本。

朱熹提示

右传之首章，释"明明德"。

译文

朱熹说，上面一段是"传"文的第一章，解释"明明德"。

张居正讲评

传，是训解其义以传于世的意思。首章是头一章，释字，即是解字。曾子将上面孔子的经文，逐渐解释其义，分为十章，这首章是解明明德，后九章仿此。

第三章　释“新民”

原文

汤之《盘铭》[1]曰①：“苟[2]日新②，日日新，又日新。[3]”

《康诰》曰：“作新民③。[4]”

《诗》[5]曰：“周虽旧邦，其命惟新④。[6]”是故君子无所不用其极⑤。[7]

注释

①汤：商朝的开国君主，即成汤。盘：洗浴用的盆具。铭：刻在盆具上用于警诫自己的文辞，后来成为一种文体。

②苟：作诚字解。新：指除去身体上的污垢，焕然一新，引申为品德修养上的弃旧图新。

③作新民：原全句是“已，汝惟小子，乃服惟弘，王应保殷民。亦惟助王宅天命，作新民”。由此看出，第一章“经”文的“在亲民”应为“在新民”。作，振作，鼓励。新民，致使百姓平民改过自新。

④此两句出自《诗经·大雅·文王》，这是赞扬周文王的

诗。《诗》，即《诗经》。旧邦，古老的国度。邦，古代诸侯国的代称。其命，指周朝的建立是受于天命。惟，一般助词。

⑤其极：原指尽头或顶点。此处为“至善”之意。

译文

商汤的《盘铭》说：“使自己在一日焕然一新，应保持日日焕然一新，每日不间断，做到每天新。”

《康诰》说：“鼓舞商朝的遗民，使他们改过自新。”

《诗经·大雅·文王》说：“周朝原本是一个古老的诸侯国，但它秉承天命后能自我更新。”因此君子每时每刻都应自我革新，达到自我完善的最高境界。

朱熹注

[1] 盘，沐浴之盘也。铭，名其器以自警之辞也。[2] 苟，诚也。[3] 汤以人之洗濯其心以去恶，如沐浴其身以去垢。故铭其盘，言诚能一日有以涤其旧染之污而自新，则当因其已新者而日日新之，又日新之，不可略有间断也。[4] 鼓之舞之之谓作，言振起其自新之民也。[5]《诗》，《大雅·文王》之篇。[6] 言周国虽旧，至于文王，能新其德以及于民，而始受天命也。[7] 自新，新民，皆欲止于至善也。

张居正讲评

这一章，是解释经文新民的说话。盘，是沐浴的盆；铭，是刻在盆上以自警的言语；苟字，解做诚字。商王成汤以人心本自清明，却被私欲污了，必须洗去那私欲，使其从新清明，就如人身本自干净，却被尘垢污了，必须洗去那尘垢，使其从新干净一般。乃刻铭于沐浴的盘上说道：为人君者，诚能一日之间，着实用力洗去那旧染之污，而复其本然之善，这功夫却不可间断了，必当因其已新者，而日新之，又日新之，务使私欲净尽，心地极其清明，如沐浴的一般，洗得身子极其干净方可，这是自新的事，曾子引此，以明新民之本。

《康诰》是《周书》篇名，武王告弟康叔的说话。作，是振作。《康诰》中说：百姓每，旧日虽为不善，而今若能从新为善，为人君者，就当设法去鼓舞振作他，使之欢喜踊跃，乐于为善，曾子引此，以明新民之事。

《诗》，是《大雅·文王》篇。邦，是国都；命，是天命。诗人说："周自后稷以来，千有余年，皆为诸侯之国，到文王能新其德，以及于民，乃始受天命而有天下，是其邦虽旧，而其命则新也。"曾子引此，以明自新新民之极。

是故，是承上文说。君子，是大人成德之名。极，即是至善。曾子说："由上文盘铭、《康诰》、文王之诗观之，可见自新新民，必要到那极处才好，所以君子无所不用其极。"新自家的德，与新民的德，都要到那至善的去处而后已也。这一章虽是释新民，然起头说日新，便是明德的事，末后说无所不用其极，便是止至善的事，而大学之道，备在是矣。

赏析

周灭商后，殷地（管叔、蔡叔、霍叔）武庚发动叛乱，希望再复商朝，但这次叛乱被周公平定。周公平定叛乱后，封康叔于殷地，并在康叔上任前为他作了训辞，希望康叔以德感化殷地遗民，使他们能够悔过自新。封康叔到殷地是周朝建国初期的重要事件。《大学》指出“作新民”的重要性。“周虽旧邦，其命惟新”这句话为周灭商作理论支持；《大学》借用这句话来阐释一个重要思想：通过“新民”来达到下一章所说的“止于至善”。“新民”不是“新”哪一个“民”，而是“新”全体的“民”。“明明德”是指个人而说，由“明明德”到“新民”就是由个人到社会，最后到全社会“止于至善”。所以“新民”在《大学》里起的作用非常重要，阐述的是从个人到社会的思想转变。也由此可看出，《大学》尽管是儒家的理论著作，依然摆脱不了一贯的政治叙述的窠臼。

朱熹提示

右传之二章，释“新民”。

译文

朱熹说，上面一段是“传”文的第二章，解释“新民”。

张居正讲评

右传之二章，释新民。

第四章　释“止于至善”

原文

《诗》[1]云：“邦畿[2]千里，惟民所止①[3]。”

《诗》[4]云：“缗蛮[5]黄鸟，止于丘隅②[6]。”子曰：“于止，知其所止，可以人而不如鸟乎！[7]”

《诗》[8]云：“穆穆[9]文王，於缉熙敬止！[10]”③为人君，止于仁；为人臣，止于敬；为人子，止于孝；为人父，止于慈；与国人交，止于信。[11]

注释

①邦畿千里，惟民所止：此句出自《诗经·商颂·玄鸟》，原是一篇祭祀时所唱的歌，是一首简短的史诗，叙述了殷商始祖契诞生的传说，成汤建立王业和武丁中兴的功绩。邦畿，即古时候天子直接管辖的国度俗称。止，指居所，居住。

②缗蛮黄鸟，止于丘隅：此句出自《诗经·小雅·绵蛮》。缗蛮，缗，原诗为“绵”字，绵蛮，即鸟叫声。止，意为栖息。丘隅，指多树的山丘。

③“《诗》云”句：此两句诗摘自《诗经·大雅·文王》。穆穆，指仪表堂堂，样子端庄恭敬。文王，即周文王。缉，即继续。熙，光明之意。止，即言行举止，又作助词用。

译文

《诗经》说：“京都幅员广阔，方圆千里，都是百姓居住的地方。”

《诗经》说：“黄鸟鸣叫着“缗蛮”，栖息在有那么多树的丘冈。”孔子读了这两句诗感慨地说：“唉，黄鸟都知道栖息在它所应当栖息的地方，难道人还比不上鸟吗？”

《诗经》说：“周文王仪表堂堂，端庄谦逊，他光明的美德使人们无不尊重、敬仰。”作为国君，他的言行举止要做到仁爱；作为属臣，他的言行举止要做到恭敬；作为儿女，他的言行举止要做到孝顺，作为父亲，他的言行举止要体现慈爱；与国人交往要体现坚守信义。

朱熹注

[1]《诗》，《商颂·玄鸟》之篇。[2]邦畿，王者之都也。[3]止，居也，言物各有所当止之处也。[4]《诗》，《小雅·缗蛮》之篇。[5]缗，《诗》作绵。缗蛮，鸟声。[6]丘隅，岑蔚之处。[7]“子曰”以下，孔子说《诗》之辞。言人当知所当止之处也。[8]《诗》，《文王》之篇。[9]穆穆，深远之意。[10]“於缉”之於，音乌，叹美辞。缉，继续也。熙，光明也。敬止，言其无不敬而安所止也。引此而言圣人之止，无非至善。

[11] **五者乃其目之大者也。学者于此，究其精微之蕴，而又推类以尽其余，则于天下之事，皆有以知其所止而无疑矣。**

张居正讲评

这一章是释经文止于至善的说话。《诗》，是《商颂·玄鸟》篇。诗人说："王者所都的京畿地方，其广千里，百姓们都居止于此。"曾子引此，以见凡物各有所当止之处也。

《诗》，是《小雅·缗蛮》篇。缗蛮，是鸟声；丘隅，是山阜树多的所在。诗人说："那缗蛮的黄鸟，都栖止于山阜树多的所在。"孔子读这两句诗，因有感而说："黄鸟是个微物，于其止也，尚晓得所当止的好处，人为万物之灵，岂可反昧其所止，而禽鸟之不如乎？"夫鸟所当止的是林木，人所当止的是至善。孔子借鸟以警人，而曾子引之，以见人当知所止也。

上节既说人不可不知所止。这一节因说圣人能得所止。《诗》，是《大雅·文王》篇。穆穆，是深远的意思；于，是叹美辞；缉，是继续；熙，是光明；敬止，是无不敬而安所止。诗人说："穆穆深远的文王，其德则继续光明，无不敬而安所止。"曾子引此诗而释之说："所谓文王之敬止者何如，如为君的道理在于仁，文王之为人君，所存的是仁心，所行的是仁政，尽所以为君之道，而无一毫之不仁，这是止于仁。为臣的道理在于敬，文王之为人臣，忠诚以立心，谨恪以奉职，尽所以为臣之道，而无一毫之不敬，这是止于敬。为子道理在于孝，文王之为人子，事奉他父母，常怀着爱慕的意念，于那为子的道理，竭尽而无所遗，这是止于孝。为父的道理在于慈，文王之为人父，教诲他儿子，都成了继述的好人，于那为父的道理，曲尽而无以加，这是止于慈。与人交的道理在于信，文王之与国人交，言语句句都是诚实，政事件件都有始终，尽得那交结的道理，而无一毫之不信，这是止于信。文王之能得其止如此，诗人所谓敬止者也。”夫文王之敬止，盖不止至此五件，而五者乃其大端，学者诚能体察于此，而推类以尽其余，则至善可得而止矣。

赏析

这一段阐述的是知止。“止于至善”是《大学》的核心思想，这一段先举例说明鸟都知道栖息在它应该栖息的地方，人更应该知道他应止于何地了。接着文章说明“为人君”“为人臣”“为人子”“为人父”该止于何地。由此我们可以看出至善对于不同人的要求是不同的：“为人君”，则“止于仁”；“为人臣”，则“止于敬”；“为人子”，则“止于孝”；“为人父”，则“止于慈”。

最后解说一个普遍的“至善”——“信”：“与国人交，止于信。”既是针对整个社会说的，又是针对个人修养说的。不讲信用的人是不能与之交往的，为了维护稳定的社会秩序，“信”是最重要的纽带。所以这一段将“信”作为“至善”的普遍要求加以阐述。

原文

《诗》[1]云："瞻彼淇澳[2]，菉竹猗猗[3]。有斐[4]君子，如切如磋，如琢如磨[5]。瑟[6]兮僩[7]兮，赫兮喧兮。有斐君子，终不可谊[8]兮！"①

如切如磋者，道学②[9]也；如琢如磨者，自修[10]也；瑟兮僩兮者，恂慄③[11]也；赫兮喧兮者，威仪④[12]也；有斐君子，终不可谊兮者，道盛德至善⑤，民之不能忘也。[13]

注释

①"《诗》云"句：此段诗摘自《诗经·卫风·淇澳》。瞻，此处为看望之意。淇，淇水，在今河南省北部，古属卫国。澳（yù），河岸。猗猗，茂盛的样子。斐，有文采的模样。切，即用刀切、割。琢，用锥雕琢。瑟，严密的样子。僩（xiàn），原指胸襟开阔，此处指威武、威严的样子。赫，光明，显耀。喧，通"煊"，盛大，显扬。谊（xuān），《诗经》上为"谖"，作忘记解。

②道：言。学：谓讲学习讨论。

③恂慄（xún lì）：形容因恐惧而发抖。这里为谦恭谨慎的样子。

④威仪：威严的样子。

⑤道盛德至善：指君子道德已发扬光大，到了至善的地步。

译文

《诗经》里说："看那淇水弯曲的岸边，青绿色的竹子茂盛葱茏。那富有文采的君子卫武公，他治学就像用刀切，用锉锉平骨器那样严谨、一丝不苟；他修身就像用锥雕琢，用砂石磨光玉器那样精细，精益求精。他仪表堂堂而庄重威严，他的品德光明显扬。那富有文采的君子卫武公，使他的臣民永远都不能忘怀啊！"

诗中的"如切如磋"比喻严谨治学；"如琢如磨"形容修身养性；"瑟兮僩兮"，是要求内心谨慎；"赫兮喧兮"，是形容仪表威严；"有斐君子，终不可諠兮"，是指卫武公具有美好的品德，德性修养已达到完善至圣的境界，老百姓当然都不会忘记他了。

朱熹注

［1］《诗》，《卫风·淇澳》之篇。［2］淇，水名。澳，於六反，隈也。［3］菉，《诗》作绿。猗，叶韵音阿。猗猗，美盛貌。兴也。［4］斐，文貌。［5］切以刀锯，琢以椎凿，皆裁物使成形质也。磋以鑢钖，磨以沙石，皆治物使其滑泽也。治骨角者，既切而复磋之。治玉石者，既琢而复磨之。皆言其治之有绪，而益致其精也。［6］瑟，严密之貌。［7］僩，下版反，武毅之貌。［8］喧，《诗》作咺；諠，《诗》作谖：并况晚反。赫喧，宣著盛大之貌。諠，忘也。［9］道，言也。学，谓讲习讨论之事。［10］自修者，省察克治之功。［11］恂，郑氏读作峻。恂慄，战惧也。［12］威，可畏也。仪，可象也。［13］引《诗》

而释之，以明“明明德”者之“止于至善”。道学、自修，言其所以得之之由。恂慄、威仪，言其德容表里之盛。卒乃指其实而叹美之也。

张居正讲评

《诗》，是《卫风·淇澳》之篇。盖卫人作之以美其君武公者也。淇，是水名；澳，是水边的弯曲处；猗猗，是美盛的模样；斐，有文采的模样；君子，就指武公。诗人说：“瞻望那淇水弯曲的去处，绿色之竹，猗猗然美盛，我斐然有文的君子，抑何其学问之精密，而德容之盛美乎。”切磋，是治骨角的事，治骨角者，既用刀锯切了，又用鑢钖磋它，是已精而益求其精也。君子用功之精，与那治骨角的一般。琢磨，是治玉石的事，治玉石者，既用椎凿琢了，又用沙石磨它，是已密而益求其密也。君子用功之密，与那治玉石的一般，既有这等的工夫，所以德之存于心者，便瑟然严密而不粗疏，僩然武毅而不怠弛，形于身者，便赫然宣著而不暗昧，喧然盛大而不局促。谖字，解作忘字。君子为学，既造到这等样去处，自能感人，而人皆爱慕，终身不能忘也，这是卫人美武公之诗如此。道，是言；学，是讲习讨论之事；自修，是省察克治的功夫；恂慄，是战惧；威，是有威可畏；仪，是有仪可象；盛德，指理之得于身者说；至善，指理之极处。曾子引诗而解释其义说道：“所谓如切如磋者，是说卫武公勤学的事，他将古人的书籍与古人的行事，既自家探讨，又与人辩论，务要穷究到极精透的去处然后已。便与那治骨角的，既切了又磋的一般，所以说如切如磋。所谓如琢如磨者，是说卫武公自修的事，他省察自己的身心，或性情偏与不偏，或意念正与不正，或行事善与不善，务要见得分明，治得干净，不肯有一些瑕玷，便与那治玉石的，既琢了又磨的一般，所以说如琢如磨。所谓瑟兮僩兮者，是说卫武公学既有得，自然敬心常存，战战兢兢，无一时懈惰，无一时苟且，这便见他严密武毅处，所以说瑟兮僩兮。所谓赫兮喧兮者，盖言卫武公有敬德在心，其见于外者，自然有威严，人都畏惧他；有仪容，人都效法他，这便见他宣著盛大处，所以说赫兮喧兮。所谓有斐君子终不可谖兮者，盖言卫武公尽学问自修之功，有恂慄威仪之验，由是德极全备而为盛德，善极精纯而为至善，所以百姓都感仰爱戴他，而终身不能忘也。”此一节是说明明德之止于至善。

赏析

这一段阐述的是“止于至善”的表现，文章引《诗经·卫风·淇澳》的诗句，这句诗本是写淇水边水草茂盛，以比喻卫武公的美德。《大学》借用诗意并对诗句的意思重新阐释，分别将“如切如磋”“如琢如磨”“瑟兮僩兮”“赫兮喧兮”“终不可谊兮”的意思加以注释来表达本段所阐述的思想。上一段阐述的是知止，当知止后才能达到至善。这一段说明作为一个达到至善的君子，“至善”在他身上的外在表现就是“如切如磋”“如琢如磨”等。德性达到完善的境界，老百姓就不会忘记他了。那么老百姓如何判断一个人的德性达到了“至善”的境界呢？显然就是从以上各种外在表现去判断。

原文

《诗》[1]云："於戏[2]！前王[3]不忘。"①君子[4]贤其贤而亲其亲②，小人[5]乐[6]其乐而利其利，此以没世不忘也③。[7]

注释

①"《诗》云"句：此句出自《诗经·周颂·烈文》篇。此句是诗人叹赞前世圣王的德泽流传深远，使人不忘之意。於戏（wū hū），叹词。前王，指周文王。这里泛指古代贤王。

②贤其贤：前一个"贤"字作动词，意为尊重，敬重；后一个"贤"字作名词，指贤明的君子。亲其亲：前一个"亲"作动词，是亲爱，亲近；后一个"亲"作名词，意为亲族。

③乐其乐：前"乐"为动词，音luò，意为以……为快乐。利其利：前"利"为动词，意为获得利益。此以：因此，所以。没世：终身，一辈子。

译文

《诗经》说："唉，前代贤王的德性永不被人遗忘。"那是因为后代的君王景仰品德高尚的前代贤王，热爱创立基业的前代亲人让后世的民众都能享受他们的欢乐，获得他们的利益。因此，前代贤王永垂青史，人们终不能忘记他。

朱熹注

[1]《诗》，《周颂·烈文》之篇。[2]於戏，音呜呼，叹

辞。[3]前王，谓文、武也。[4]君子，谓其后贤后王。[5]小人，谓后民也。[6]乐，音洛。[7]此言前王所以新民者，止于至善，能使天下后世无一物不得其所，所以既没世而人思慕之，愈久而不忘也。此两节咏叹淫泆，其味深长，当熟玩之。

张居正讲评

《诗》是《周颂·烈文》篇。於戏！是叹词，前王指文王武王，君子指后贤后王，小人指后世的百姓。诗人叹说：“文王武王虽去世已远，而天下之人至今犹思慕他，终不能忘。”曾子释诗说：“文王武王所以能使人思慕不忘者，盖因他有无穷的功德，留在后世耳。如垂谟烈以佑启后人，是其贤也。后来的贤人们，都守其模范，而贤其贤。创基业以传与子孙，是其亲也，后来的王者，都有所承藉而亲其亲。治安天下，使世世享太平之福，是他遗后人的乐处，而后民则含哺鼓腹，以享其所遗之乐，分田制里，使百姓们永远为业，是他与后人的利益，而后民则安居粒食，以享其所遗之利。夫贤贤亲亲，是君子得其所矣。乐乐利利，是小人得其所矣。此所以文王武王去世虽远，而人心追思之，终不能忘也。”此一节是说新民之止于至善。

赏析

这一段是阐释君王“贤其贤而亲其亲”的至善的表现，并且以小人“乐其乐而利其利”的表现作比较，得出结论：“此以没世不忘。”君王要有贤德并且到达“至善”就需要“贤其贤而亲其亲”，这也是老百姓判断一个君王是否贤德的依据。《孟子》也提到："老吾老；以及人之老，幼吾幼，以及人之幼。"虽然所指不同，但表达的意思是一样的。《论语》里，曾子提出"吾日三省吾身"的修养方法；以为"忠恕"是孔子一以贯之的思想；提出"慎终（慎重地办理父母的丧事）""追远（虔城地追念祖先）""民德归厚""犯而不校（计较）"等主张。其中"追远"在这里表现得非常突出。所谓"追远"就是追思前人的贤德，君王更要追思先王的高尚贤德以提高自身的品德修养。曾子的另外一个重要思想"孝"也在这里体现了；"追远"不仅是通过前人的贤德来自我反省从而提高自身品德的方式，也是孝敬前人的方式，而"孝"本身也是一种美好的品德。所以"贤其贤而亲其亲"的君王是贤君的典范，老百姓自然不会忘记他的。

朱熹提示

右传之三章，释"止于至善"。

译文

朱熹说，上面一段是"传"文的第三章，用来解释"止于至善"的含义。

张居正讲评

右传之三章，释止于至善。

第五章　释“本末”

原文

子曰：“听讼，吾犹人也。必也使无讼乎！”①无情②者，不得尽其辞③。大畏民志④，此谓知本⑤。[1]

注释

①“子曰”句：见《论语·颜渊篇》。听讼，听诉讼者的言语。吾犹人也，我和人也是一样的。

②无情：指不真实的情况。

③尽其辞：指竭尽狡辩的厥词。

④畏：作动词用，意为“让……敬服”。民志：指多数人的意志。

⑤本：根本的道理。

译文

孔子说：“审理案件，我与其他人一样（尽量将案情断得曲直分明），一定要使诉讼之类的事绝迹了才好。”要使刁诈不实的一方不敢大放厥词，要使民众做好自身修养，使民心敬服美德，这就叫作知道根本。

朱熹注

［1］犹人，不异于人也。情，实也。引夫子之言，而言至人能使无实之人不敢尽其虚诞之辞。盖我之明德既明，自然有以畏服民之心志，故讼不待听而自无也。观于此言，可以知本末之先后矣。

张居正讲评

这一章是释经文物有本末的说话。听，是听断；讼，是争讼；犹人，是与人一般；情，是情实；辞，是争讼的言辞；畏，是畏服。曾子引孔子之言说道："若论听断词讼，使他曲直分明，我也能与人一般，不为难事，必是使那百姓每相敬相爱，自然无有争讼，乃为可贵耳。"孔子之言如此。曾子又申解之说："那争讼的人，心中刁诈不实，他的言辞多有虚诞，圣人能使那不实的人，不敢尽其虚诞之辞者，岂是刑法以制之哉！"盖由圣人盛德在上，大能畏服民之心志，使之化诈伪而为诚实，自然无有颠倒曲直，以虚辞相争的，所以讼不待听而自无也。夫无讼，是民德之新，所以使民无讼，是己德之明，必己德明了，然后可使民无讼，则明德为本，而在所当先，新民为末，而在所当后矣。所以说此谓知本，而经文所谓物有本末者，盖以此。

赏析

“经”文里有“八目”。“八目”有先后次序，有终有始，本末不能倒置，所以“经”文里说：“其本乱，而末治者，否矣。”这一章阐释的就是何谓知本。前面说过“传”文由朱熹重新编定过，不是古本的顺序。

朱熹将“知本”放在阐述完“三纲”之后的最先位置，突出朱熹的思想，突出知本的重要性。所以“传”文现在的编排顺序不是曾子作“传”的原意，而是朱熹（也包括二程）为了使《大学》服从于自己学术的要求而编定的，从某种程度上说有些牵强。在“传”的第五章，这一点非常明显，《大学》原文是“此谓知本”，前一句接上文，后一句是结论，而中间没有论述，而且“此谓知本”与上文重复。所以朱熹据此以为“此谓知本”为衍文，而且中间论述的文段应该在流传时遗失了，而且遗失的这一章就是释“格物”“致知”之义的“传”文。所以特补写了论文加入《大学》“传”文里。“朱熹补文”并非《大学》原文，所以学者学习《大学》时，应注意这一点。这一章通过阐释如何解决争讼来表达如何才叫知本。《周易·讼卦》说解决争讼最好的办法就是不使争讼发生。这里更详细地解说了如何不使争讼发生，给出的办法是“大畏民志”。所以本与末就昭然若揭，“听讼”是末，“大畏民志”以至无讼是本。但这里的本与“经”文里的本有不同的地方。

“经”文里的本是指“八目”的先后次序，而这里指同一种情况的两种不同表现。听讼与无讼本无先后次序之说，听讼为末，无讼为本是孰善孰不善的问题，而不是“经”文里说的树根与枝叶的关系问题。所以这说明朱熹“传”文里诠释的意思并不完全符合《大学》的原意。

朱熹提示

右传之四章，释“本末”。

译文

朱熹说，以上一段是“传”文的第四章，是用来解释“本末”的。

张居正讲评

右传之四章，释本末。

第六章　释“格物”“致知”

原文

此谓知本①[1]。此谓知之至也。[2]

注释

①此谓知本：这一句与上文重复，程子怀疑其为“衍文”。

译文

这就叫作认识根本的道理。这就叫作认识彻底，也就是达到“知”的最高境界。

朱熹注

[1]程子曰：“衍文也。”[2]此句之上别有阙文，此特其结语耳。

张居正讲评

上一句，前面已有了。此是错误重出。后一句，是个结语的口气，上面必有说话，是古人传流失落了。

赏析

朱子曰："此句之上别有阙文，此特其结语耳。"这阙文，按朱熹的意见，就是释"格物""致知"之义的"传"文。为此，他特意作了"格物致知"章文字，系统发挥其"格物致知"的哲学认识论思想，补入《大学》本文。朱熹的"格物致知"章，并非《大学》原文，但对于《大学》系统的完整性有一定的帮助。

朱熹提示

右传之五章，盖释"格物""致知"之义，而今亡矣[1]。间尝窃[2]取程子之意以补之，曰："所谓致知在格物者，言欲致吾之知，在即物而穷其理也。盖人心之灵莫不有知，而天下之物莫不有理。惟于理有未穷，故其知有不尽也。是以《大学》始教，必使学者即凡天下之物，莫不因其已知之理而益穷之，以求至乎其极。至于用力之久，而一旦豁然贯通焉，则众物之表里精粗[3]无不到，而吾心之全体大用无不明矣。此谓物格，此谓知之至也。"

注释

①亡矣：遗失了。

②间：近来。尝：曾经。窃：私自。

③表：指事物的表面现象。里：指事物的内部联系。精：指精细的道理。粗：指浅显的道理。

译文

朱熹说，上面一段是“传”文的第五章，是用来解释“格物致知”的。然而“传”的全文现在已经遗失了。我近日曾私自运用程颐先生的观点把它补足如下：“经文所说的‘致知格物’的意思，是说我们想要做到认识明确，就应当探究外物并对每一事物都极力探索它的道理。人们的思想是灵巧的，无不有认识的能力；而世间万事万物也无不包含着各种道理。只是由于对于这些道理有的人没有极力探究，所以他的认识才有些不完整。因此，《大学》篇开始教人，必须教育那些做学问的人对天下所有事物，都要根据他们已经认识的道，进一步极力去探索万物的道理，使之从高度、深度、广度三方面达到认识的高峰，如此长久用功，终有一天会突然领悟，将各个方面的知识或技能融会贯通，那么，一切事物的表面现象、内部联系和精微粗浅的道理，没有认识不到的。至此，我们的认识在总体上、在运用上（对万物）不会有洞察不明白的了。这就是所谓的对事物认识得十分透彻。”

张居正讲评

这是宋儒朱子的说话。间，是近日。表，是外面，指道理易见处。里，是里面，指道理难见处。精，是道理精微的。粗，是道理粗浅的。朱子说：“这传文第五章，盖曾子解释经文格物致知的说话，而今简编残缺，不可考矣。然格物致知，是《大学》第一段功夫，最为紧要，若少此一节，则诚意、正心、修齐、治平，都做不得了，岂可缺而不备，所以我近时曾私取程子的意思，做一章书以补之，说道：‘经文所谓致知在格物者，是说人要推极吾心的知识，使无一些不明，当随事随物而穷究其理，使其无一处不到可也。所以然者何故？盖人心之本体，至虚至灵，都有个自然的知识，而天下的万事万物，都有个当然的道理，这心虽在内，而其理实周于物，那物虽在外，而其理实据于心，惟于事物的道理有未穷，故其心上的知识有不尽也。所以大学起初教人，必使那为学的，把天下事物的道理，无大无小，各就着心上那明白的去处，益加穷究之功，就天下事，无一件不穷，就一件内，无一毫不尽，务到个极处而后已，如此日积月累，至于久后，工夫到了，忽觉一旦之间，豁然开悟，都贯穿通透得来，则众物之理，或在表的，或在里的，或精微的，或粗浅的，无一件不晓得到，而吾心具众理的全体，以应万事的大用，也无一些不光明了。夫众物之表里精粗无不到，便是物格，吾心之全体大用无不明，便是知至。’经文所谓物格知至者，盖如此。”

赏析

这一段是朱熹的补文，朱熹认为这一章有缺文，并根据自己的理解以及程子的学术思想在这一章加了补文并命题为“格物致知”。从现在的“传”文结构来看，“传”文很完整，而且与“经”文非常统一，按照“经”文“三纲”“八目”的顺序，步调地一致地作“传”。朱熹的这一安排体现了朱熹要求形式和结构的完整思想。

“格物致知”是《大学》“八目”的基础，“格物致知”，即就事物现象，极力探索事物的本质道理。朱熹非常推崇“格物致知”，它是朱熹理学思想的核心。朱熹认为要达到“知之至”必从“格物”开始，进而明白事物的道理，并且使认识达到一定的广度、深度和宽度，最后对事物的道理洞察明了。从这里，我们可以看到朱熹抬高了《大学》的思想，因为在“经”文里“格物致知”只是齐家、治国、平天下的基础，所以“经”文要求的与这一段的“知”不一样，根据这一阐释的“格物致知”思想，如果将“齐家”“治国”“平天下”作“格”的对象“物”的话，也可以达到一种“知”，因为朱熹理解的物是世间万事万物的现象，“天下之物，莫不有理”。“经”文里的“格物”和“致知”并没有达到这样的思想高度，而只是“修身”的手段，是“齐家”“治国”“平天下”的基础。

第七章 释“诚意”

原文

所谓诚其意①者，毋②自欺也。如恶恶臭③，如好好色④，此之谓自谦⑤。故君子必慎其独也[1]。

注释

①诚：使动词，使……诚实。意：指意念。

②毋（wù）：不要。

③恶恶臭：前一个恶（wù）字，动词，讨厌的意思。后一个恶（è）字，形容词，污秽的意思。臭（xiù），气味。

④好好色：前一个好（hào）字，动词，喜好、喜爱的意思。后一个好（hǎo）字，形容词，美丽的意思。色，指女色，女子。

⑤谦：同“慊”（qiè），满足，舒适。

译文

使自己的意念诚实，意思就是不要自己欺骗自己。就像厌恶污秽的气味那样厌恶邪恶，就像喜爱漂亮的女子那样喜爱善良。只有这样，君子才能使自己意念诚实，心里获得满足。所以道德情操高尚的人在独自一人的时候也要使自己的思想和行为符合规矩。

朱熹注

［1］诚其意者，自修之首也。毋者，禁止之辞。自欺云者，知为善以去恶，而心之所发有未实也。恶、好，上字，皆去声。谦，读为慊，苦劫反；快也，足也。独者，人所不知而己所独知之地也。言欲自修者知为善以去其恶，则当实用其力，而禁止其自欺。使其恶恶则如恶恶臭，好善则如好好色，皆务决去而求必得之，以自快足于己，不可徒苟且以徇外而为人也。然其实与不实，盖有他人所不及知而己独知之者，故必谨之于此以审其几焉。

张居正讲评

这一章是解释经文诚意的说话。毋，是禁止之辞。自欺，是自己欺谩，不肯着实。谦字读做慊字，慊是心中快足。独，是心上念虑发动，独自知道的去处。曾子说："经文所谓诚其意者，是要人于意念发动之时，就真真实实禁止了那自己欺谩的意思，使其恶恶如恶恶臭的一般，是真心恶他，而于恶之所在，务要决去。好善如好好色的一般，是真心好他，而于善之所在，务要必得，这等才是好善恶恶的本心，无有亏欠，才得个自己心上快足，所以谓之自慊。然欺曰自欺，慊曰自慊，是意之实与不实，人不及知，我心里独自知道，这个去处，虽甚隐微，却是善恶之所由分，不可不谨，所以君子在此处，极要谨慎，看是自欺，便就禁止，看是自慊，便加培植，不敢有一毫苟且，亦不待发现于声色事为之际，而后用力也。”经文之所谓诚意者，盖如此。

赏析

这一段提出慎独的思想。孔子认为人在与他人相处时不容易干坏事，因为害怕被别人知道，但是当这个人独处的时候，不再有人看着他，也不再有人会干预他，他就会在心里萌发坏的思想，并且做出坏的事情来。所以君子一定要慎独。这一章阐释的是“经”文里“诚意”的思想。“传”文以为所谓“诚意”就是不自欺，喜欢自己喜欢的，讨厌自己讨厌的，完全诚实。但同时限定了喜欢的与讨厌的范围：喜欢的必须是好的事物，如“好色”，讨厌的是坏的事物，如“恶臭”。“诚意”就是要达到心理上的满足，要意念诚实。君子往往在独处时产生非分之想，产生各种欲望，就因为这时没有人来监督，唯独自己监督自己，这时候更需要诚意来约束和规范自己。“自谦”就是满足的意思。“自谦”与“慎独”是互相影响，互相制约的关系。“自谦”可以让自己独处时不会产生过多欲望，不会产生非分之想。“慎独”可以培养自谦的美好品质。不管是“自谦”还是“慎独”都是以“诚意”为根本的，意念不诚实就谈不上“自谦”与“慎独”。

原文

小人閒（闲）居①[1]为不善，无所不至，见君子而后厌然②[2]，掩③其不善，而著④其善。人之视己，如见其肺肝然，则何益矣。此谓诚于中，形于外，故君子必慎其独也[3]。

注释

①閒（闲）居：独处，独居。

②厌然：遮遮掩掩的样子。厌，音 yān。

③掩：掩藏。

④著：显露，显明。

译文

那些缺乏道德修养的人，在闲居独处的情况下，不管什么坏事都做得出来。然而他们一旦见到那些有道德修养的人，却又躲躲藏藏，企图掩饰他们所做的坏事，而装出一副好像做过好事的样子，想方设法显示自己的美德。其实人们的眼睛看透这些坏人坏事就像看到他们的肝肺一样，如此遮掩又有什么好处呢？其实，心有诚意自然会流露出来，因此，君子在独处时应该谨守道德，使自己的思想和行为符合规矩。

朱熹注

[1]閒，音闲。閒居，独处也。[2]厌，郑氏读为黡。厌然，消沮闭藏之貌。[3]此言小人阴为不善，而阳欲掩之，则

是非不知善之当为与恶之当去也；但不能实用其力以至此耳。然欲掩其恶而卒不可掩，欲诈为善而卒不可诈，则亦何益之有哉！此君子所以重以为戒，而必谨其独也。

张居正讲评

闲居，是没人看见的去处。厌然，是消沮闭藏的模样。独，是人所不知而己所独知之地。曾子说："小人独居时，只说没人看见，把各样不好的事，件件都做出来，及至见了君子，也知惶恐，却消沮闭藏，遮盖了他的不善，假装出个为善的模样，只说哄得过人，殊不知人心至灵，自不可欺，我方这等掩饰，人看得我，已是件件明白，恰似看见那腹里的肺肝相似。似这等恶不可掩，而善不可诈，岂不枉费了那机巧之心，有甚好处，所以说则何益矣。夫掩恶诈善，如此无益，这便是实有那不好的心在里面，自然有不好的形迹露在外面，独知之地可不慎哉！此君子所以必谨慎于己所独知之地，而不敢以自欺也。"既能慎独，则其发见于外者，自无不善矣。

赏析

这一段依然是阐释"慎独"的。但这一段与上一段阐释的角度不同，上一段是从正面阐释，说明君子独处时"恶恶臭""好好色"的表现。这一段从反面阐释"慎独"，说明小人独处时"为不善""后厌然""掩其不善，而著其善"，将小人掩饰自己与君子的坦白自己形成对比。小人之所以要掩饰自己是因为他在独处时被欲望充斥，内心产生非分之想，不能"自谦”，意念更不诚实（掩其不善）。前一段说明君子坦坦荡荡，这一段说明小人遮遮掩掩，两者都在他们独处时表现得更为鲜明，所以“君子必慎其独”，否则就会有堕落成小人的危险。

君子小人，情怀不同，独处时的意念不同，所以表现出来的举止仪表自然也就不同。君子的意念是诚实，内省不疚，心地坦然，所以表现在举止上就会自在从容，坦坦荡荡。小人的意念不诚实，好为咎过，心胸狭窄，所以在举止上也就表现为遮遮掩掩，举止局促，愁容满面。

原文

曾子曰："十目所视，十手所指，其①严乎！[1]"

富润屋，德润身②，心广体胖③[2]，故君子必诚其意[3]。

注释

①其（qǐ）：通"岂"，难道不。

②富润屋，德润身：拥有富贵可以使房屋华丽，具有道德可以修身养性。润，滋润，引申意为修饰、装饰。

③胖（pán）：舒坦，安适舒坦。

译文

曾参说："一个人若是被许多双眼睛注视着，被许多只手指着，这难道不是严肃的事情！"

金钱可以装饰房屋，使房屋华美；道德可以修养身心，使人思想高尚。胸襟宽广，身体安适舒坦，因此有道德修养的人必须使自己的意念诚实。

朱熹注

[1] 引此以明上文之意。言虽幽独之中，而其善恶之不可掩如此，可畏之甚也。[2] 胖，步丹反，安舒也。[3] 言富则能润屋矣，德则能润身矣，故心无愧怍，则广大宽平，而体常舒泰，德之润身者然也。盖善之实于中而形于外者如此，故又言此以结之。

张居正讲评

这是门人引曾子平日的言语，以发明上文之意。严，是可畏的意思。曾子说："那幽独去处所干的事，人只说无人看见，无人指摘，可以苟且，岂知天下之事，有迹必露，无微不彰，那为善的，虽不必求知，毕竟人自然晓得，那为恶的，虽要遮盖，毕竟也被人识破，一些掩不得，莫说无人看见，乃十目之所共视也，莫说无人指摘，乃十手之所共指也。幽独之中不可掩，一至于此，岂不甚可畏乎。"知其可畏，则慎独之功，自不容已矣。

（"富润……"句）这是说能慎其独的好处。润，是华美。广，是宽大。胖，是舒展的意思。人若富足，自然用度充裕，而华美其屋，人若有德，自然诚中形外，而华美其身。盖有德的人，他心里没些惭沮，便自然广大宽平，而其发于四体，亦自然从容舒展，身心内外之间，浑然是个有德的气象，所谓德润身者如此。然德自诚意中来，所以为学的君子，必慎独以诚其意，好善则如好好色，恶恶则如恶恶臭，必到那自慊去处，则德全而有润身之效矣。这一章是为学工夫极要紧处。盖克念作圣，罔念作狂，与治同道，与乱同事，都在这一念上分，是个初发动的机括，诚不可不慎也。

赏析

前一段通过比喻来说明"诚意"的重要性，财富可以装饰房屋，使房屋华美，同样，道德可以修养人的身心，使人的思想高尚。

后一段首先指出“诚意”的严肃性，其实，“诚意”与前面两段说的“慎独”也有联系。慎独要求君子独处时要谨慎对待自己的思想，不能产生过多的欲望和非分之想，以免使思想堕落。曾子在这一段指出如果君子暴露在大庭广众之下，被许多双眼睛注视着，被许多双手指点着，就更要谨慎对待自己的思想和行为。这一点说明之后，文章立即用一个比喻来说明“诚意”的重要性。那么，思想品德高尚，意念诚实的人有什么表现呢？文中给出“心广体胖”的描述，就是说凡是思想品德高尚，意念诚实的人，都是心胸宽广，身体安适舒坦的。

朱熹提示

右传之六章，释“诚意”。

译文

朱熹说，上面一段是“传”文的第六章，解释“诚意”。

张居正讲评

右传之六章，释诚意。

第八章　释“正心”“修身”

原文

所谓修身在正其心者，身有[1]所忿懥①[2]，则不得其正；有所恐惧，则不得其正；有所好乐[3]，则不得其正；有所忧患，则不得其正。[4]

心不在焉②，视而不见，听而不闻，食而不知其味[5]。此谓修身在正其心。

注释

①忿懥（zhì）：懊，发怒，愤怒。

②心不在焉：比喻心不专注。焉，兼词用法，犹言“于此”，意即“在这里”。

译文

所谓提高自身的品德修养，关键在于端正自己的思想，自身有所愤怒，内心就不能端正；自身有所畏惧，内心就不能端正；自身有所享乐，内心就不能端正；自身有所忧患，内心就不能端正。

思想不集中，看到了东西就像没看见一样，听见了东西就像没听见一样，吃了东西却不知道是什么味道。这就是说提高自身品德修养关键在于端正自己的思想。

朱熹注

［1］程子曰："'身有'之身当作心。"［2］忿，弗粉反。懥，敕值反。忿懥，怒也。［3］好、乐，并去声。［4］盖是四者，皆心之用，而人所不能无者。然一有之而不能察，则欲动情胜，而其用之所行，或不能不失其正矣。［5］心有不存，则无以检其身，是以君子必察乎此而敬以直之，然后此心常存而身无不修也。

张居正讲评

这一章是解释经文正心修身的说话。身有的身字，当作心字。忿懥，是心里恼怒。恐惧，是心里畏怕。好乐，是心里喜好。忧患，是心里愁虑。有所，是有那一件事在心里执着，如不当怒而怒，或虽当怒，却又怒得过了，着这一件恼怒的事横在胸中，便是有所忿懥。下面三句，都是此意。曾子说："经文所谓修身在正其心者，盖言心是一身的主宰，而心体至虚，原着不得一物，一有所着，则心即为所累，而不得其正，着在怒的一边，而有所忿懥，则心为忿懥所累，而不得其正矣。着在畏的一边，而有所恐惧，则心为恐惧所累，而不得其正矣。着在喜的一边，而有所好乐，则心为好乐所累，而不得其正矣。着在忧的一边，而有所忧患，则心为忧患所累，而不得其正矣。"盖忿懥、恐惧、好乐、忧患，乃心之用，人情之所不能免也。但四者在人，本有当然之则，若能随事顺应，而各中其则，事已即化，而不留于中，则心之本体，湛然常虚，如明镜一般，何累之有？唯其欲动情胜，或发之过当，而留滞于中，如明镜上着了尘垢一般，由是虚灵之体为其所累，而不得其正矣。心不能正，而欲身之修岂可得乎？下文视听饮食之失其职，便是身不修处。

承上文说，人心为一身之主，必心君泰然而后众体从令，各得其职，若有所忿懥、恐惧、好乐、忧患，则这心便被那一件事牵引去了，不在里面。心既不在，则眼虽看着，也如不见，耳虽听着，也如不闻，口内虽吃着饮食，也不晓得是什么滋味。盖目之于视，耳之于听，口之于味，皆吾身之用，而所以视，所以听，所以知味者，皆心也。故心不在，而众体皆失其职矣。这是心不能正，身便不修如此。

（此谓修身在正其心）这是结上文两节的意思，说人心有所忿懥、恐惧、好乐、忧患而不得其正，则虽视听食味至切近处，尚不能辨，况于出入起居、应事接物之际，岂能得其理乎？可见心为一身之主，不能正心者，必不可以修身也。经文所谓“欲修其身，先正其心”者，意盖如此。君子诚能静而存养，动而省察，务使此心湛然虚明，随事顺应，而喜怒忧惧，各中其则，则心正身修，而家国天下，皆从而理矣。岂特视听食味之间，能得其正而已哉。

赏析

“经”文里的“八目”从“格物”“致知”到“治国”“平天

下”是一个连续不可断裂的整体过程。“八目”按照先后顺序从最低级到最高级的整个过程是一环扣一环的，每一“目”的达到都以完成前一“目”为基础和条件，所以中间任何一个步骤都不能缺少。所以“传”文从这一章开始分析连续两目间的关系。

“传”文第八章解释“正心”“修身”，第九章解释“修身”“齐家”，第十章解释“齐家”“治国”，第十一章解释“治国”“平天下”。如此进行解释使八目的递进关系变得清楚许多。

这一章是解释“正心修身”的，也就是解释要修身必须先正心。

文中认为人有七情，如愤怒、恐惧、逸乐、忧患，而这些情感都是扰乱人心的因素，使人无法端正自己的思想了。

一旦人的思想无法端正，思想就不能集中，思想不集中就会出现“视而不见，听而不闻，食而不知其味”。这里的“视”“听”“食”不能解释成简单的“看”“听”“吃”。它们是针对美好的品德和崇高的思想而言，如果某人“视而不见，听而不闻，食而不知其味”，那么他就不能抱着虔诚的态度虚心学习，又怎么能谈得上修身呢？如此解释，这一段的思路就很清晰了。

朱熹提示

右传之七章，释“正心”“修身”。

译文

朱熹说，上面一段是“传”文的第七章，解释“正心”“修身”。

张居正讲评

右传之七章，释正心修身。

第九章　释“修身”“齐家”

原文

所谓齐其家在修其身者，人[1]之[2]其所亲爱而辟①[3]焉，之其所贱恶②而辟焉，之其所畏敬而辟焉，之其所哀矜③而辟焉，之其所敖惰④而辟焉。故好而知其恶，恶而知其美者，天下鲜矣[4]。

故谚[5]有之曰：“人莫知其子之恶，莫知其苗之硕⑤。[6]”此谓身不修不可以齐其家。

注释

①之：同“于”用法，意为“对于”。辟：偏见的意思。

②贱恶：看不起别人和厌恶别人。

③哀矜：可怜别人和恩恤别人。

④敖惰：骄傲和懒惰。

⑤硕：原意是头大，引申为大。这里是茁壮的意思。

译文

所谓整治自己的家族在于修养自身品德，是因为人们对于自己亲爱的人往往会有所偏爱；对于自己厌恶的人往往会有所偏恶；对于自己敬畏的人往往会有所偏敬；对于自己同情的人往往会有所偏护；对于自己轻视的人往往会有所偏见。所以说，喜爱某个人的同时能了解他的不足；厌恶某个人的同时能知道他的优点，能做到这样的人世上没有几个！

所以有句谚语说："溺爱自己子女的人认识不到他们的缺点，贪得无厌的人不会满足于他那茁壮的禾苗。"这就是说不修养自身品德，就不能治理好家族。

朱熹注

[1]人，谓众人。[2]之，犹于也。[3]辟，读为僻，犹偏也。[4]"恶而"之恶，敖，好，并去声。鲜，上声。五者在人本有当然之则，然常人之情惟其所向而不加察焉，则必陷于一偏而身不修矣。[5]谚，音彦，俗语也。[6]硕，叶韵，时若反。溺爱者不明，贪得者无厌，是则偏之为害，而家之所以不齐也。

张居正讲评

这一章是解释经文修身齐家的说话。之字解做于字。辟是偏。曾子说："经文所谓齐其家在修其身者，盖言一家的根本，在我一身，此身与人相接，情之所向，各有个当然的道理，但人多任情好恶，不能检察，所以陷于一偏，而身不修也，如骨肉之间，固当亲爱，然父有过，也当谏诤，子有过也，也当教训，若只管任情去亲爱，更不论义理上可否，这亲爱的便偏了。

卑污之人，固可贱恶，然其人若有可取处，也不该全弃他，有可教处，也不该终绝他，若只管任情去贱恶，更不肯宽恕一些，这贱恶的便偏了。畏是畏惧，敬是恭敬，人于尊长，固当畏敬，然自有个畏敬的正理。若是不察其理，或有过于畏惧，过于恭敬，不合乎中，这畏敬便偏了。哀矜，是怜悯的意思，困苦的人，固当怜悯，然自有个哀矜的正理，若其中有不当怜悯处，也只管去怜悯他，却又成了姑息，这哀矜便偏了。敖惰，是简慢的意思，平常的人，简慢些也不为过，然亦有个简慢的正理，若其中有不当简慢处，也只管去简慢他，却又流于骄肆，这敖惰便偏了。人情陷于一偏如此。所以好一个人，只见他件件都是好的，就有不善，也不知了。恶一个人，只见他件件都是不好的，就有善，也不知了。若是所好的人，却能知其恶，所恶的人，却能知其美者，这是平日能用克己的功夫，到个至公至明的去处，才能如此。似这等人，世上少有，所以说天下鲜矣。

谚是俗语。苗是田苗。硕是茂盛。言人情既陷于一偏，便随处偏了，都见不得。所以俗语说人之溺爱者不明，他的儿子虽是不肖，也不知道，只说是好。贪得者心无厌足，他的田苗虽是茂盛，也不见得，只嫌不茂盛。偏之为害，一至于此。

（此谓身不修不可以齐其家）即上文说偏之为害上看来。可见欲齐家者，必须先修其身。若果情有所偏，事皆任意，却要感化得一家的人，使其无小无大，都在伦理之中，而无有参差不齐者，断无此理。所以说身不修不可以齐其家。

赏析

“八目”以“修身”为本，前四“目”是修身的方法，后三“目”是修身的目的。《大学》为什么把“修身”看得那么重要？这是因为修身是“齐家”“治国”“平天下”的基础和条件。《大学》的目的是“齐家”“治国”“平天下”，这与儒家最高理想是一致的，而“修身”的目的也是如此。“身修而后家齐，家齐而后国治，国治而后天下平。”从“修身”到“平天下”也是一个递进的过程。中国传统思想认为家族（或家庭）是小家，国家是大家，天下是最高意义上的家的概念。古人认为天地大宇宙，人身小宇宙。所以修身、齐家、治国、平天下也就是从更广、更深、更宽的范围达到“至善”的根本要求，只有全天下达到“至善”，即天下太平，最高道德才能在全天下得以彰显。

这一章解释的是“修身”与“齐家”的关系。《大学》认为人总会偏爱自己喜欢的，偏恶自己厌恶的，偏私自己同情的，偏见自己认为懒惰的。为何有偏见呢？这是人之常情，但是君子要做到厌恶某人的同时看到他的长处，这样才能说明他的思想达到一定境界，从而达到“修身”的要求。在一个家族里，只有这样的君子才能团结家族中的每个人（或者是大多数人），因为有修养的君子不是以个人主观情感去看待他人，而是以客观的实际情况看待他人。厌恶的是他人的缺点，而不是他人本身；喜欢不仅指喜欢他人的长处，还指以君子般博大的胸怀去关爱每一个人。所以在家族中，人心都会向着他。

朱熹提示

右传之八章，释“修身”“齐家”。

译文

朱熹说，上面一段是“传”文的第八章，解释“修身”“齐家”。

张居正讲评

右传之八章，释修身齐家。

第十章　释"齐家""治国"

原文

所谓治国必先齐其家者，其家不可教而能教人者，无之。故君子不出家而成教①于国。孝者，所以事君也②；弟[1]者，所以事长[2]也③；慈者，所以使④众也[3]。

《康诰》曰："如保赤子⑤。"心诚求之，虽不中⑥[4]不远矣。未有学养子而后嫁者也[5]。

注释

①成教：成功地教化。

②孝者，所以事君也：儒家认为孝亲是事君的基础，人能孝敬亲人，就能够侍奉好君王。

③弟者，所以事长也：人能尊敬兄长，自然就能敬事长官。弟，音 tì，通"悌"。长，指兄长，这里指长官。

④使：役使。

⑤如保赤子：据《尚书·周书·康诰》作"若保赤子"。是周成王告诫康叔的话，意思是要他保护平民如同母亲养育保护

婴儿一样。赤子，初生的婴儿。

⑥中（zhòng）：符合的意思。

译文

治理好国家，关键是先治理好家庭。不能治理好本家族，却能治理本国的人，那几乎是不可能有的。因此道德修养高尚的君子，他就算不离开自己的家族，也能够起到治理国家、教化人们的作用。家族中的孝道可以用来侍奉国君，悌道可以用来敬事官吏，慈道可以用来指挥民众。

《康诰》说："爱护民众就像母亲爱护初生婴儿一样。"只要真诚地追求，即使不能做到完全符合，也不会相差很远。生活中没有见过先学会如何抚养孩子然后才出嫁的女子。

朱熹注

[1] 弟，去声。[2] 长，上声。[3] 身修，则家可教矣。孝、弟、慈，所以修身而教于家者也。然而国之所以事君、事长、使众之道不外乎此，此所以家齐于上而教成于下也。[4] 中，去声。[5] 此引《书》而释之，又明立教之本，不假强为，在识其端而推广之耳。

张居正讲评

这是解释经文齐家治国的说话。曾子说："经文所谓欲治其国必先齐其家者谓何？盖家乃国之本，若不能修身以教其家，使一家之人有所观法，却能教训那一国之人，使之感化，决无此理。所以在上的君子，只修身以教于家，使父子、兄弟、夫妇各尽其道，则身虽不出家庭，而标准之立，风声之传，那一国的百姓，自然感化，也都各尽其道，而教成矣，所以然者何也？盖家国虽异，其理则同，如善事其亲之谓孝，然国之有君，与家之有亲一般，这事亲的道理，即是那事君的道理。善事其兄之谓弟，然国之有长，与家之有兄一般，这事兄的道理，即是那事长的道理。抚爱卑幼之谓慈，然国之有众百姓每，与家之有卑幼一般，这抚爱卑幼的道理，即是那使众百姓的道理。”夫孝、弟、慈三件，是君子修身以教于家的。然而国之所以事君、事长、使众之道，不外乎此，此君子所以不出家而教自成于国也。

（《康诰》曰……而后嫁者也。）这一节是承上文说，见孝、弟、慈之理，是人心原有，不待强为的意思。《康诰》是《周书》篇名，赤子是初生的小儿。武王作书告康叔说：为人君者，保爱那百姓每，当如慈母保爱那初生的小儿一般。曾子引此言而解释之说：“初生的小儿，不会说话，要保爱他。怎能够晓得他的意思，只是为母的爱子之心，诚切恳至，以其诚切恳至之心，而忖度赤子之意，虽不能一一都合着他，也差不远矣。然这个保赤子之心，人人自有不学自会。几曾见为女子的，先学会了抚养孩子的方法，然后才去嫁人，可见皆出于自然，而不待于勉强也。”夫慈幼之心，既出于自然，则孝弟之心，亦未有不出于自然者，但能识其端而推广之，则所以不出家而成教于国者，在是矣。

赏析

“经”文里说：“其本乱，而末治者，否矣。”这一章解释的就是“齐家”与“治国”的本末关系。这一段用类比的手法来说明“齐家”与“治国”的关系。中国古人认为家族（也指家庭）是小家，国家是大家，治理小家和大家的根本道理是一样的。这一段文中将“孝”类比成“事君”，将“弟”类比成“事长”，将“慈”类比成“使众”。这样，君子若懂得“孝”“弟”“慈”，他就可以“不出家而成教于国了”。这一段还以“养子”与“婚嫁”来比喻“治国”与“齐家”的本末关系。“未有学养子而后嫁者也”，意思是生活中没有先学会养育孩子，然后再去出嫁的女人，因为养育孩子是实践过程，首先得有孩子才能谈得上养孩子，而没出嫁就有孩子那是不合礼仪的，所以说先出嫁然后才能学会养孩子。“齐家”与“治国”的关系也是这个道理，连家族都治不好却能治理国家的人是没有的。前一章说了“齐家”先“修身”，家不齐说明这个人的道德修养不高尚，如果一个人道德修养不高尚，那么他就会“不孝”“不弟”“不慈”，所以他就不可能“事君”“事长”“使众”，那么他就不可能治理好国家了，所以说“治国，必先齐其家”。

原文

一家仁，一国兴仁；一家让，一国兴让；一人贪戾①，一国作乱：其机如此。此谓一言偾事②，一人③定国[1]。

尧、舜帅④天下以仁，而民从之；桀、纣帅天下以暴，而民从之；其所令反其所好⑤[2]，而民不从。是故君子有诸己而后求诸人⑥，无诸己而后非诸人。所藏乎身不恕，而能喻[3]诸人者，未之有也⑦[4]。

故治国在齐其家[5]。

注释

①贪：贪心。戾（lì）：乖张，罪过。

②偾（fèn）事：败坏事情。偾，败坏。

③一人：指君主。

④帅：通“率”，率领，统率。

⑤好（hào）：喜爱。

⑥君子有诸己而后求诸人：君子必定先使自己有了善，而后方可要求别人向善。

⑦“所藏乎”句：自己没有推己及人的恕道，而想要别人听从，是一定办不到的。恕，儒家伦理准则之一。喻，使人明白。

译文

一个家族仁爱相亲，整个国家都会兴起仁爱之风；一个家族实行谦让，整个国家都会兴起谦让之风；一个君王如果贪婪暴虐，整个国家就会群起作乱；事情的关键就在于此。这就叫作：一句话能败坏整个事情，一个人能安定整个国家。

尧、舜用仁政来统治天下，于是民众就跟着实行仁爱；桀、纣用暴政来统治天下，天下民众就跟着凶暴。号令民众实行仁爱而自己凶暴，民众是不会服从的。因此，有道德修养的君子，应该先要求自己，然后再去要求别人。应该先去掉自身的恶习，然后才能去批评别人，使之弃恶从善。如果自己没有推己及人的恕道，却去开导别人明白善恶的道理，那是不可能办到的事情。

因此说要治理好国家，首先要治理好家族。

朱熹注

［1］一人，谓君也。机，发动所由也。偾，音奋，覆败也。此言教成于国之效。［2］好，去声。［3］喻，晓也。［4］此又承上文“一人定国”而言。有善于己，然后可以责人之善；无恶于己，然后可以正人之恶。皆推己以及人，所谓恕也，不如是，则所令反其所好，而民不从矣。［5］通结上文。

张居正讲评

这一节是言教成于国之效。仁，是以恩相亲。让，是以礼相敬。一人，指君说。贪，是好利。戾，是背理。机，是机关发动处。偾，是覆败。曾子承上文说：“君子不出家而成教于国者，既本乎一理，又出于自然，人君果能以仁教于家，使一家之中，父慈子孝，欢然有恩以相亲，则一国之为父子的，得于观感，也都兴起于仁矣。能以让教于家，使一家之中，兄友弟恭，秩然有礼以相敬，则一国之为兄弟的，得于观感，也都兴起于让矣。若为君的，不仁不让，好利而取民无制，背理而行事乖方，则一国之人，也都仿效，而悖乱之事由此而起矣。夫一国之仁让，由于一家；一国之作乱，由于一人。可见上以此感，则下以此应，其机关发动处，自然止遏不住有如此。所以古人说道：一句言语说得差失，便至于坏事，人君一身行得好时，便能安定其国，正此之谓也。”为人上者，可不戒贪戾以绝祸乱之端，而躬行仁让，以为定国之本。

帅，是帅领。令，是政令。恕，是推己及人的道理。藏，是存。喻，是晓喻。此承上文说，尧舜之为君，存的是仁心，行的是仁政，是以仁帅领天下也。那时百姓看着尧舜的样子，也都感化，相亲相让，而从其为仁。桀纣之为君，存心惨刻，行政残虐，是以暴帅领天下也。那时百姓看着桀纣的样子，他也都效尤，欺弱凌寡，而从其为暴。即此看来，可见人君一身，是百姓的表帅，上行下效，理势自然，若使人君所好的是暴，而出令以教天下者却是仁，这便是所令反其所好了，那百姓每谁肯从他？惟其如此，所以在上位的君子虽教人为善去恶，是其职分，必先反诸其身，自家有这善，然后责成人，使他劝勉于善，自家无这恶，然后说人不是，使他改正其恶，这是推己及人，恕之道也。然后人才肯顺从我，我才能晓喻得人。若自家不能有善而无恶，恶却责人之善，正人之恶，这便是存乎己身者不恕了。如此而能晓喻人，使之从我为善而去恶，绝无此理，所以说未之有也。

这一句（故治国在齐其家）是通结上文。曾子又说：“看来一身之举动，一家之趋向所关，一家之习尚，一国之观瞻所系，人若不能修身而教于家，必不能成教于国。故人要治那一国的百姓，不必远求，只在乎修身以教于家而已，盖齐家是治国的根本也。”

赏析

前一段解释了“齐家”与“治国”的本末关系，这一段再作进一步的解释。这一段重点说明了一个家族是什么样的作风，那么这个作风就波及全国，所以要治理好国家，使全国兴起良好的作风，如“仁爱”“谦让”，那么就使这些作风在家族内首先兴起。如果家族内兴起恶劣的作风，如贪婪暴虐，那么社会也会群起作乱。接着分别举尧、舜和桀、纣的例子加以解说：用仁政统率天下，民众就跟着仁爱；用暴政来统治天下，民众就跟着凶暴。

这一段的重点提到“恕”。恕是儒家伦理准则之一。孔子重恕道，《论语·卫灵公篇》说：“其恕乎！己所不欲，勿施于人。”指自己不愿做的，也不去劝别人做，应推己及人。现代儒学认为“己所不欲，勿施于人”是儒家伦理学思想的核心内容，也是对“仁”做出的最准确的解释，或者说是“仁”的中心思想。《论语》这句话的意思表明，“己所不欲，勿施于人”就是“恕”，所以“恕”与“仁”的意义最接近。儒家认为治理国家就是治理民众，就是治理人，治理人在“仁政”，而“恕”可以说是“仁”的另一种说法。所以君王只有做到“恕”才能更好地实施“仁政”，更好地治理国家。在儒学里，“仁”和“恕”

既是施政纲领，又是君子所应具有的美德。所以要使别人懂得“仁”和“恕”的道理，先要使自己懂得“仁”和“恕”的道理。本段说：“所藏乎身不恕，而能喻诸人者，未之有也。”依然又回到了“经”文里说的“壹是皆以修身为本”的意义。这句话的意思还是说明“修身”才是根本，只有“身修”才能“家齐”“国治”。

原文

《诗》云[1]：“桃之夭夭，其叶蓁蓁[2]。之子[3]于归[4]，宜[5]其家人。”①宜其家人，而后可以教国人。

《诗》[6]云：“宜兄宜弟②。”宜兄宜弟，而后可以教国人。

《诗》[7]云：“其仪不忒[8]，正是四国。”③其为父子兄弟足法，而后民法之也。此谓治国在齐其家。[9]

注释

①此段出自《诗经·周南·桃夭》。夭夭，美丽，姣好。蓁蓁，音 zhēn zhēn，至盛貌。之子于归，这女子要出嫁了。宜其家人，要与一家人和睦。宜，善。

②宜兄宜弟：此句出自《诗经·小雅·蓼萧》。意使家族中兄弟之间互相友爱团结。

③“其仪不忒”句：出自《诗经·曹风·鸤鸠》。仪，仪容，礼仪。忒，差错。正是，亦作“是正”。正，正大，引申为表率。

译文

《诗经》说：“桃花妖娆如含笑，满枝叶儿碧又青，这个姑娘出嫁了，全家老少喜盈盈。”只有先使一个家族之人和睦共处，才能教化普天之下的国民百姓。

《诗经》说：“兄弟之间团结友爱。”只有先使一个家族兄弟和睦相处，团结友爱，而后才能教化普天之下的国民百姓。

《诗经》说："国君的礼仪没有错误，才能成为四方各国的表率。"国君要使自己家族中的人：做父亲的慈爱，做子女的孝顺，做兄长的友爱，做弟妹的恭敬。只有使他们的言行值得效法，人民才愿意去效法他。这些说明了治理好国家首先在于治理好家族。

朱熹注

[1]《诗》，《周南·桃夭》之篇。[2] 夭，平声。夭夭，少好貌。蓁，音臻。蓁蓁，美盛貌。兴也。[3] 之子，犹言是子，此指女子之嫁者而言也。[4] 妇人谓嫁曰归。[5] 宜，犹善也。[6]《诗》，《小雅·蓼萧篇》。[7]《诗》，《曹风·鸤鸠篇》。[8] 忒，差也。[9] 此三引《诗》，皆以咏叹上文之事，而又结之如此。其味深长，最宜潜玩。

张居正讲评

前面释齐家治国之意已尽，此以下，又引诗而咏叹之，以足其意。《诗》，是《周南·桃夭》篇。夭夭，是少好貌。蓁蓁，是美盛貌。之子，指出嫁的女子。妇人以夫为家，故谓嫁曰归。宜，是善。诗人说："桃树夭夭然少好，其叶蓁蓁然美盛，以兴女子之归于夫家，必能事舅姑以孝，事夫子以敬，处妯娌以和，待下人以惠，而一家之人无不相宜者。"曾子引之说道："为人君者，必能处得那一家的人个个停当，如此诗所谓宜其家人，方才可以教那一国的人，使之各有以宜其家也。不然，家人且不相宜，何以教国人乎？"

《诗》，是《小雅·蓼萧》篇。诗人说："一家之中，有长于我的，是兄，我能尽其恭敬而善事之，感得为兄的也常常爱我，这便是宜兄。有少于我的，是弟，我能尽其友爱而善抚之，感得为弟的也常常敬我，这便是宜弟。"曾子引之说道："为人君者，必能善处自家的兄弟，如此诗所谓宜兄宜弟，然后可以教那一国之人，使之亦有以宜其兄弟也。不然自家的骨肉尚不能相容，又何以教国人乎？"

《诗》，是《曹风·鸤鸠》篇。仪，是礼仪。忒字解做差字。四国，是四方之国。诗人说："人君一身所行的礼仪，没有一件差错，便能表正那四国的百姓，而为下民之观法。"曾子引之说道："为人君者，必是自家为父能慈，为子能孝，为兄能友，为弟能恭，所行的件件都足以为人的法则，如此诗所谓其仪不忒，然后百姓每皆取法他，父也去慈，子也去孝，兄也去友，弟也去恭，而四国无不正也。不然，自家一身且有差忒，又何以正国人乎？"

曾子既引三诗，又总结说："观这三诗所言，虽有不同，皆是说治国在齐其家之意。然则人若欲治其国者，可不先齐家以为之本哉？"

赏析

这一段表达的意思是只有家族中父子、兄弟和睦团结，那么国家才能安定、祥和。

这一段引用了三句诗。

第一句写女子出嫁，阖家欢乐，其实，女子出嫁对男子来说就是建立家庭，兴旺家族，可类比为使国家兴旺。

第二句写一家之中兄弟和睦，兄弟和睦可类比为国家百姓友爱团结或者朝廷大臣团结友爱，这也是国家安定兴旺的保证。

第三句写君主的仪容、礼仪的表率作用。国家君王仁爱就像家族父亲慈爱，国家里大臣忠诚就像家族里儿子孝顺。父亲慈爱和君王仁爱做表率可以使儿子孝顺，大臣忠诚。所以道德高尚的君子为父可以管理家族，为君可以治理国家。

治理国家一切当以管理家族为先。前面说了家不齐而国能治是不会有的，这一段进一步解释说："其为父子兄弟足法，而后民法之也。"意思就是推己及人，由小及大，在家庭父亲作表率使父慈子孝，家庭和睦，在国家君王作表率使君仁诚忠，国家安定，只有家族做到父子兄弟的行为都符合道德准则，然后整个国家四方的百姓才会效法。

有一点值得注意：这里的家族既可以单指国家君主的家族，也可以指组成国家的每一个家族单位。

所以，治国先齐家既可以横向理解，指组成国家的每一个家族都互相效法，使家族和睦以致国家安定祥和；又可以纵向理解，指全国百姓家向上效法君王家庭，使家族和睦以致国家安定、祥和。

朱熹提示

右传之九章，释"齐家""治国"。

译文

朱熹说，上面一段是“传”文的第九章，解释“齐家”“治国”。

张居正讲评

右传之九章，释齐家治国。

第十一章　释"治国""平天下"

原文

所谓平天下在治其国者，上老老①[1]而民兴[2]孝；上长长②[3]而民兴弟[4]；上恤孤[5]而民不倍③[6]。是以君子有絜④矩[7]之道也。[8]

注释

①老老：意指赡养老人。前一"老"字是动词，指赡养。后一"老"字是名词，指老人。

②长长：音 zhǎng zhǎng。前一个"长"字作敬重解，后一个"长"字作长辈解。

③弟：通"悌(tì)"，敬重兄长。恤：音 xù，体恤，周济。孤：幼丧父为孤。倍：与"背"同，遗弃，背弃。

④絜：音 xié，衡量，量度之意。

译文

要使天下太平，根本在于治理好国家。因为国君孝敬老人，就会在全国兴起孝敬之风；国君尊敬长辈，就会在全国兴起敬长之风；国君怜爱救济孤儿，全国的老百姓都会以此为榜样，就不会违背事理而作恶。因此，国君应做到推己及人，在道德上起示范的作用。

朱熹注

［1］老老，所谓“老吾老”也。［2］兴，谓有所感发而兴起也。［3］长，上声。［4］弟，去声。［5］孤者，幼而无父之称。［6］倍，与背同。［7］絜，胡结反，度也。矩，所以为方也。［8］言此三者，上行下效，捷于影响，所谓家齐而国治也。亦可以见人心之所同，而不可使有一夫之不获矣。是以君子必当因其所同，推以度物，使彼我之间各得分愿，则上下四旁均齐方正，而天下平矣。

张居正讲评

这是解释经文治国平天下的说话。下老字，是指父母。上老字，是尽事父母之道。下长字，是指兄长。上长字，是尽事兄长之道。兴，是兴起。恤，是怜爱。孤，是孤幼。倍，是违背。絜，是度。矩，是为方的器具。曾子说：“经文所谓欲平天下在先治其国者谓何？盖言天下无不同之心，人心无不同之理，惟人君之倡导何如耳。如上能以事老之道，孝顺自家的父母，则国人便都兴起于孝，而善事其父母矣。上能以事长之道，恭敬自家的兄长，则国人便都兴起于弟，而善事其兄长矣。上能怜爱一家的孤幼，则国人也都如君上一般，慈其孤幼，而无有违背之者矣。这孝、弟、慈三件，上行下效如此，可见人心之理无不同也。一国之人心，既无异于一家，则天下之人心，又岂有异于国乎？所以在上的君子，因此有个絜矩之道，度其必同之心，处以各足之理，使天下凡有孝、弟、慈之愿者，皆得随分以自尽而无有不齐，就如那匠人制器的一般，度之以矩，而使其无不方也。”这絜矩是平天下之要道，解见下文。

赏析

“传”文第九章最后一段提到君王以及君王家族在全国的表率作用。“其仪不忒，正是四国。”意思可以理解成君王首先在自己的家族中树立仁德，然后四方百姓才来效仿。这一段是“传”文解释“治国”“平天下”的章节第一段，在一开始就提到了君王以身作则，在全国起到表率作用。“上老老而民兴孝；上长长而民兴弟；上恤孤而民不倍。”本段的“上”既可理解成君王，也可以理解成掌握国家大权的人。就是说百姓的言行都是以君王为准绳的。君王有德，老百姓就会有德，君王无德，老百姓就跟着无德。这与“传”文第九章的“尧、舜帅天下以仁，而民从之。桀、纣帅天下以暴，而民从之”所表达的意思是一样的。所以本段结尾说：“君子有絜矩之道也。”所谓絜矩之道就是以自己合于礼仪准则的言语、行为，去影响并规范他人的言语和行为，就是我们前面所说的示范、表率作用。絜矩之道在下一段有详细解释。

原文

所恶①于上，毋以使下；所恶于下，毋以事上；所恶于前，毋以先[1]后；所恶于后，毋以从前；所恶于右，毋以交于左；所恶于左，毋以交于右。此之谓絜矩之道[2]。

注释

①恶：音 wù，讨厌，憎恨。

译文

我厌恶上司待我无礼，我就不应以无礼对待我下面的人；我厌恶下面的人待我不忠，我就不能以不忠侍奉我的上司；我厌恶前面的人待我不善，我就不能把不善加在我后面的人身上；我厌恶后面的人待我不仁，我就不应以不仁施于我前面的人；我厌恶右边的人待我不义，我就不应以不义施于我左边的人；我厌恶左边的人待我不诚，我就不应以不诚待我右边的人。这就是所谓的道德的示范作用。

朱熹注

[1]恶、先，并去声。[2]此复解上文"絜矩"二字之义，如不欲上之无礼于我，则必以此度下之心，而亦不敢以此无礼使之。不欲下之不忠于我，则必以此度上之心，而亦不敢以此不忠事之。至于前后左右无不皆然，则身之所处，上下、四旁、长短、广狭，彼此如一，而无不方矣。彼同有是心而兴起焉者，

又岂有一夫之不获哉？所抄者约，而所及者广，此平天下之要道也。故章内之意，皆自此而推之。

张居正讲评

恶，是憎恶，心里不欲的意思。曾子覆解絜矩二字之义，说道："人之相处，有在我上面的，有在我下面的，有在我前后左右的，其心都是一般。假如上面的人以无礼使我，我所不欲也。便以我的心度量在下面的人，知他的心与我一般，亦不可以无礼使之。如下面的人以不忠事我，我所憎恶也，便以我的心度量在上面的人，知他的心与我一般，亦不敢以不忠事之。以此心往前后度量，或在我前面的人，我恶其以不善待我，便不以前人之加于我者而先加于后；在我后面的人，我恶其以不善待我，便不以后人之及于我者而施及于前。以此心往左右度量，或在我右边的人，我有所恶，便不以此交之于左。在我左边的人，我有所恶，便不以此交之于右。这是将人比己，体之无不周，以己处人，施之无不当，上下四方，均齐方正，就如那匠人之制方器，度之以矩而无有不方的一般，所以叫做絜矩之道。"人君用此道以治天下，则天下之人，虽有万万不齐，而于天下之心，皆能一一不拂，天下有不得其平者乎？上文所谓君子有絜矩之道者，盖如此。

赏析

《论语》中"己所不欲，勿施于人"的思想在这一段里有很好的体现。

这一段说了处在上、下、左、右、前、后的人以怎样的态度对待我，使我厌恶，那么我就不能以同样的态度对待他人。这就是絜矩之道。絜矩之道是儒家伦理规范，指君子的言行要有道德示范作用。

这一段专门解释什么叫“絜矩之道”。君子的美德起到表率作用可以影响周边的人，使他们向往和追求美德；父亲的美德起到表率作用可以影响家族里的人，使他们向往和追求美德；国家的君王的美德起到表率作用可以影响全国的人，使他们向往和追求美德，若是如此，那么天下必然一片祥和、太平，这就是絜矩之道的作用。

原文

《诗》[1]云："乐只[2]君子，民之父母。"①民之所好好之，民之所恶恶[3]之，此之谓民之父母[4]。

《诗》[5]云："节[6]彼南山，维石岩岩。赫赫师尹[7]，民具[8]尔瞻。"②有国者不可以不慎，辟则为天下僇矣[9]。③

《诗》[10]云："殷之未丧[11]师[12]，克配上帝[13]。仪[14]监[15]于殷，峻[16]命不易[17]。"④道⑤[18]得众则得国，失众则失国[19]。

注释

①乐只君子，民之父母：见《诗经·小雅·南山有台》。只，语气助词，犹"哉"。

②此段见《诗经·小雅·节南山》。节，高大的样子。南山，指终南山。维：发语词，无实意。岩岩，毛享言："岩岩，积石貌。高峻的样子。"赫赫，威严的样子。师，太师尹，周太师尹氏。师。具，通俱。瞻，注视。

③辟：通"僻"，偏僻。僇：音lù，通"戮"，杀戮。

④殷：商。师：众。仪：《诗经》作"宜"。监：观察。峻：大。不易：难保。

⑤道：指"絜矩之道"。

译文

《诗经》说："快乐的国君，是平民百姓的父母。"国君应当喜爱平民百姓所喜爱的东西，应该憎恶平民百姓所憎恶的东西。这样的国君才算得上是天下百姓的父母。

《诗经》说：“巍峨雄伟的终南山，山崖险峻不可攀。权势显赫的尹太师，百姓目光都注视你。”掌握着国家大权的人不可以不慎重。如果出了差错，那么就会被天下百姓杀戮！

《诗经》说：“殷代国君尚未丧失民心的时候，还能够符合天意享有统治。应该以殷商的兴亡为鉴，认识到守住天命、永保国家并非易事。”统治者能在道德上起示范作用，就会得到民众的拥护，也就会享有国家；否则，就会失去民众的拥护，也就会失去国家。

朱熹注

[1]《诗》，《小雅·南山有台》之篇。[2]乐，音洛。只，音纸，语助辞。[3]好、恶，并去声，下并同。[4]言能絜矩而以民心为己心，则是爱民如子，而民爱之如父母矣。[5]《诗》，《小雅·节南山》之篇。[6]节，读为截，截然高大貌。[7]师尹，周太师尹氏也。[8]具，俱也。[9]辟，读为僻，偏也。僇，与戮同。言在上者人所瞻仰，不可不慎。若不能絜矩而好恶徇于一己之偏，则身弑国亡，为天下之大戮矣。[10]《诗》，《文王篇》。[11]丧，去声。[12]师，众也。[13]配，对也。配上帝，言其为天下君而对乎上帝也。[14]仪，《诗》作宜。[15]监，视也。[16]峻，《诗》作骏，大也。[17]易，去声。不易，言难保也。[18]道，言也。[19]引《诗》而言此，以结上文两节之意。有天下者，能存此心而不失，则所以絜矩而与民同欲者，自不能已矣。

张居正讲评

《诗》，是《小雅·南山有台》篇。只，是语助词。诗人说："在上位可嘉可乐的君子，即是百姓每的父母。"曾子即引此诗而释之说道："君子居民之上，有君之尊，何以说做父母？盖言君子能以民心为己心，如饱暖安逸之类，是百姓每心里所喜好的，君子便因其所好而好之，务要区处使他各得其所。如饥寒劳苦之类是百姓每心里所憎恶的，君子便因其所恶而恶之，务要体悉，使他得免于患，是君子之与民同其好恶，如父母之爱其子矣，所以百姓们爱戴君子，亦如爱自家的父母一般。"这是能絜矩的，其效如此。

《诗》，是《小雅·节南山》之篇。师尹，是周太师尹氏。辟，是偏僻。僇字，与刑戮的戮字同义。诗人说："望着那终南山，截然高大，山上的石头岩岩然堆起来；如今尹氏做着太师，其势位之赫赫显盛，便与那高山一般，百姓们都瞻仰着他，却乃好恶不公，罔上行私，以致天下之乱。"这是诗人讥尹氏之辞。曾子解说："有国家者，既为民所瞻仰，必须常常谨慎，凡事要合乎人心，若是不能絜矩，只徇一己之偏，民所好的不从民便，民所恶的不肯体恤，致得那天下之人都生怨恨，必然众叛亲离，而身与国家不能保守，所以说辟则为天下僇矣。"这是不能絜矩的，其害如此。

《诗》，是《大雅·文王》篇。丧，是失。师，是众。配，是对。上帝，是天。仪字当作宜字。监，是看着他的意思。道字解做言字。诗人说："如今殷家失了天下，便是我周家得了。当初殷家祖宗不曾失了众人的时节，也曾受天眷命君主天下，能与天作对来。因他后世子孙行的不好，失了人心，那天命便去了。今后我周家的子孙，就宜看着殷家的事，以为监戒，不可像他子孙行的不好。这上天峻大之命，去留无常，岂是容易保守的？曾子解说：“诗人所云，盖言为人君者，若能絜矩，而与民同其好恶，便得了众人的心，为民父母而得国。若不能絜矩，而好恶徇一己之偏，便失了众人的心，为天下僇而失国。”盖信乎峻命之难保也，有天下者可不兢兢业业，思所以得人心而保天命乎。

赏析

上段讲到了絜矩之道的作用。这一段就是阐释得民心与得天下的关系，以及如何得民心的道理。这一段引用《诗经》里的三段诗来说明国家的君王、掌握大权的人的美德能起示范作用就能得到民众的拥护，就能享有国家；否则就会失去民众的拥护，也就会失去国家。三段诗所述有所不同，但都表达同一个意思。孟子说：“得民心者得天下。”国君是天下平民百姓的父母，所以国君应当喜爱平民百姓所喜爱的东西，应当憎恶平民百姓所憎恶的东西。掌握大权的人不可以不慎重。第三段诗尤其值得注意，其提到天命和上帝。这里的命指的就是民心，失民心便失去了天命。所以这一段主要讲的是国君不仅要以絜矩之道引导民众，更要以道德上的示范作用来得到民众的拥护。

原文

是故君子先慎乎德①[1]。有德此有人②[2]，有人此有土③[3]，有土此有财，有财此有用④[4]。

德者，本也；财者，末也[5]。

外本内末，争民施夺⑤[6]。

是故财聚则民散，财散则民聚[7]。

是故言悖[8]而出者，亦悖而入⑥；货悖而入者，亦悖而出[9]。

注释

①先慎乎德：先要谨守自己的道德，注重道德修养。

②此：这样。有人：得到民心。

③有土：拥有国家。

④有用：可供国家之用。

⑤外：疏远。内：亲近。争民：与民争利。施夺：施行掠夺。

⑥言悖而出者，亦悖而入：君王关于政教之言有悖逆于民心，则百姓必以悖逆之言而对付。悖，逆。

译文

所以说，国君首先要注重道德修养。有了美好品德，就会拥有民众；有了民众，就会拥有土地；有了土地，就会获得财富；有了财富，才能供国家使用。

美德是根本，财富是枝梢。

如果国君在表面讲道德，而实际上内心却只注重财富，那么民众就会相互争利，抢夺财富。

因此，财富聚集在君王，平民百姓就会离弃君王。财富散落在民间，民众就会归附君王。

所以，如果君王的政令违背民心，就必将遭到平民的抵抗；财富不依据道理肆意搜刮而来，最终也会被别人用不正当的手段掠夺去。

朱熹注

[1] 先慎乎德，承上文“不可不慎”而言。德，即所谓明德。[2] 有人，谓得众。[3] 有土，谓得国。[4] 有国，则不患无财用矣。[5] 本上文而言。[6] 人君以德为外，以财为内，则是争斗其民，而施之以劫夺之教也。盖财者人之所同欲，不能絜矩而欲专之，则民亦起而争夺矣。[7] 外本内末，故财聚。争民施夺，故民散。反是，则有德而有人矣。[8] 悖，布内反，逆也。[9] 此以言之出入，明货之出入也。自“先慎乎德”以下至此，又因财货以明能絜矩与不能者之得失也。

张居正讲评

是故，是承上启下之辞。慎，是谨慎。德，即经文所谓明德。财，是财货。用，是用度。观上文说的，凡天命人心之得失，皆由于能絜矩与不能絜矩如此，可见有家国者，第一要紧的是修德。所以在上位的君子，虽事事都该谨慎，尤先要格物、致知、诚意、正心、修身的功夫，以谨慎在己之德，不使有一些怠忽昏昧，则己德克修，而絜矩之本立矣。既有了德，那百姓们个个都感化归顺，岂不是有人？既有了人，那百姓每所住的地方，处处都属其管辖，岂不是有土？既有了土，那土地中所出的诸般货物，自然都来贡献，岂不是有财？既有了财，则国家所需的诸般用度，自然足以供给，岂不是有用？盖君德既慎，则民心自归，其得众得国而有财用，固理之必然者也。

本，是根本。末，是末梢。承上文说：“有德则有人有土，而有财用。可见德是为国的根本，第一要紧。财虽日用之不可缺，而有德则自然有财。譬之草木，根本既固则枝梢自然茂盛，但当培其根本可也。夫知德为本，则在所当先，知财为末，则在所当后矣。”君子之所以先慎乎德者，其以是哉。

争民，是使民争斗；施夺，是教民劫夺。夫德既是本，乃所当重，财既是末，乃所当轻。若或将这德来看做外事，不思谨慎，将那财来看做自家的，专去聚敛，百姓每见在上的人如此，也都仿效，人人以争斗为心，劫夺为务，就如在上的教他一般。所以说争民施夺，这是财货不能絜矩的，其害如此。

承上文说，外本内末，民便争夺。民既争夺，必致离散。可见义与利不可并行，民与财不可兼得。若是外本内末，聚财于上，财虽聚了，却失了天下的心，那百姓每都离心离德而怨叛之，未有财聚而民亦聚者也。若是内本外末，散财于下，财虽散了，却得了天下的心，那百姓每都同心爱戴而自然归聚，未有财散而民亦散者也。这两样孰损孰益，有天下者当知所辨矣。

言，是言语。悖，是违悖不顺理。货，是财货。曾子承上文说：“财散则民聚，其实民之聚者财不终散；财聚则民散，其实民之散者，财也不终聚；就如言语一般，若将不顺道理的言语加于人，人定也把那不顺道理的言语来回我，是悖而出者亦必悖而入也。若那财货是暴征、横敛，不顺道理取将进来的，终须也还散将出去，保守不得，是悖而入者亦必悖而出也。”不义之财，既是难守，积之何益？为人君者岂可以财为内，而不知所以慎其德乎！

赏析

这一段阐释的是财与德的关系。段中明确指出：“德者，本也；财者，末也。”段中首先指出如何拥有财富。既然德是本，财是末，那么拥有财当从拥有德开始做起，进而一步步地拥有财富。拥有美德，就会拥有民众，进而拥有土地，进而拥有财富，但是拥有财富不是最终目的。君王拥有财富是为了供国家支出。如果君王只以敛财为目的，那么民众就会抛弃君王。所以段中接着阐释说：财富聚集在君王，平民百姓就会离散；财富散落在民间，民众就会归附到君王身边。段落说：君王每一政令违背公理公布出去，必将遭到平民的违背公理的抵抗；财富不依据道理肆意搜刮而来，最终也会被别人用违背公理的手段掠夺而去。意思就是君王不仁，老百姓就会以不义针锋相对，这就是文中“悖”的意思。一切祸害的根源就在于君王为钱财失去了美德。历史中很多朝代更替、农民起义都是由于君王暴虐、苛捐杂税繁重。所以君王要拥有天下，定要处理好德与财的关系。

原文

《康诰》曰："惟命不于常。"①道善则得之，不善则失之矣[1]。

《楚书》②[2]曰："楚国无以为宝，惟善以为宝。[3]"

舅犯③[4]曰："亡人[5]无以为宝，仁[6]亲以为宝。[7]"

注释

①《康诰》:《尚书》的篇名。惟命不于常：惟独天命是无常的。惟，惟独；命，天命。

②《楚书》：指《国语·楚语》。

③舅犯：晋文公的舅舅狐偃，字子犯。

译文

《康诰》里说："只有天命是没有一定的常规的。"这就是说行善积德就能获得天命，不行善积德就会丧失天命。

《楚书》里说："楚国没有什么可以作为宝贝，只是把'善'当作宝贝。"

重耳的舅舅子犯对晋文公说："在外流亡的人没有可以当作宝贝的东西，只有把仁爱亲族当作宝贝。"

朱熹注

[1]道，言也。因上文引《文王》诗之意而申言之，其丁宁反复之意益深切矣。[2]《楚书》，《楚语》。[3]言不宝金玉

而宝善人也。[4] 舅犯，晋文公舅狐偃，字子犯。[5] 亡人，文公时为公子，出亡在外也。[6] 仁，爱也。[7] 事见《檀弓》。此两节又明不外本而内末之意。

张居正讲评

前面说先慎乎德，则有人有土，是能絜矩的。外本内末则悖入悖出，是不能絜矩的。这一节又总结其意。《康诰》，是《周书》篇名。命，是天命。道字解做言字。武王作书告康叔说："惟是上天之命，或去或留，不可为常。"曾子解说："这一句话是说为人君的，若能絜矩，而散财以得民心，便得了天命，所谓得众则得国也。若不能絜矩，而聚财以失民心，便失了天命，所谓失众则失国也。"天命不常如此，人君诚欲保之，岂可外本内末，而不知慎德以尽絜矩之道哉！

（《楚书》曰……惟善以为宝。）以下两节，是明不外本而内末之意。《楚书》是楚国史官记事的书。宝是贵重的物。《楚书》说："昔楚国王孙圉聘于晋，晋大夫赵简子问他说：'你楚国中有什么宝贝？'王孙圉对说：'我楚国也没有什么宝，凡金玉珠石之类，皆不以为贵，只是有德的善人，能利生民，能安社稷，便以他为宝也。'"按史，当时楚有臣名观射父，能作命辞，取重于诸侯。又有臣名左史倚相，多读古书，练达典故，使主君能保先世之业，故楚国宝之。夫楚之所宝，不在金玉而在善人，是能不外本而内末者矣。

舅犯是晋文公的母舅，名狐偃，字子犯。亡人，指晋文公说。在先晋文公做公子时，避骊姬之难，逃出在外，故称亡人。

后来又遍历曹、卫、齐、楚，至于秦国。到秦国时，他父亲献公薨逝，秦穆公劝文公兴兵复国以为晋君，舅犯教文公对说："我出亡之人，不以富贵为宝，只以爱亲为宝，若是有亲之丧，而无哀伤思慕之心，却去兴兵争国，便是不爱亲了，虽得国，不足为宝也。"夫晋之所宝，不在得国而在仁亲，是亦不外本而内末者矣。

赏析

这一段分别引用《康诰》《楚书》和舅犯的话来阐释君王以拥有善来得天下。三段善所指的意思不完全相同:《康诰》指行善积德,《楚书》指善待臣民，舅犯指仁爱亲族。但是三种善都可归结到一种意义上去，那就是以善来获得民心，进而拥有天下。《康诰》以为周王朝只有行善积德才能获得天命,《楚书》认为楚国只有把如观射父、左史倚相这样德才兼优的名臣看作珍宝才能使国家强大，舅犯认为晋文公只有把仁爱亲族当作宝贝才会有重返家园、重掌王权的机会。所以说，这一段是说明君王只有行善才能得民心。

原文

《秦誓》①[1]曰："若有一个[2]臣②，断断[3]兮③无他技，其心休休④焉。其如有容⑤焉。人之有技，若己有之。人之彦圣⑥[4]，其心好之，不啻⑦若自其口出，实能容之，以能保我子孙黎民，尚[5]亦有利哉⑧。人之有技，娼⑨[6]疾以恶之；人之彦圣，而违[7]之俾不通⑩，实不能容，以不能保我子孙黎民，亦曰殆[8]哉。"

注释

①《秦誓》：出自《尚书·周书·秦誓》。是春秋时代秦穆公伐郑，在崤（xiáo）地被晋击败，归国后为了告诫群臣而作的誓词，通篇为悔过之词。

②一个臣：《尚书》中作"一介臣"。

③断断兮：忠诚老实的样子。《尚书》作"断断猗"。

④休休：宽厚善良的样子。

⑤有容：能够宽容别人。

⑥彦圣：指德才兼美的人。彦，美。圣，通"明"。

⑦不啻（chì）：不只是。

⑧以能：因此。尚：《尚书》作"职"，意为差不多。

⑨娼（mào）：嫉妒。

⑩违：阻止压抑别人。俾：使。

译文

《秦誓》说："如果有这样一个臣子，他忠诚老实却没有一技之长，但是心胸宽广，能包容一切，如别人有技艺，就像自己有技艺；别人有美德，他衷心喜欢。不只是在口头上说说，而是实实在在能容纳。这种人真的能包容一切，因此能保护我的子孙和百姓，而且能为我的子孙和百姓谋取利益。如果别人有技艺，他就嫉妒厌恶；别人有美好的德行，他就压制阻止使其不能上达于国君，这种人确实不能容人，因此不能保护我的子孙和百姓，要是重用这种人，那就太危险了。"

朱熹注

[1]《秦誓》，周书。[2] 个，古贺反，《书》作介。[3] 断，丁乱反。断断，诚一之貌。[4] 彦，美士也。圣，通明也。[5] 尚，庶几也。[6] 媢，音冒，忌也。[7] 违，拂戾也。[8] 殆，危也。

张居正讲评

《秦誓》，是秦穆公告群臣的说话。断断，是诚一之貌。技，是才能。休休，是平易宽弘的意思。彦，是俊美。圣，是通明。不啻，解做不但。媢嫉，是妒忌。违，是拂戾。殆，是危。曾子以平天下之道，要紧在于公好恶，用贤才，而欲贤才之进用，又须得一个好大臣，付之以进退人才之任，然后用舍得宜，而国家蒙利也。故引用《书》秦穆公之言说道："我若有一个臣，断断然真诚纯一，他也不逞一己的才能，只是其心休休焉，平易正直，广大宽弘，能容受天下之善，见人有才能的，则心里爱他，如自己有才能一般。见人之俊美通明的则其心喜好之，肫肫恳切，不但如其口中称扬之语而已。这等的人，着实能容受天下的贤才，没有虚假，若用他做大臣，将使君子在位，展布效用，把天下的事，件件都做得好，必能保我子孙，使长享富贵，保我黎民，使长享太平，而社稷受无穷之福矣，不庶几有利于国哉？若是个不良之臣，只要逞自己的才能，全无断断之诚，休休之量，见人有才能的，恐他强过自己，便妒忌憎嫌；见人是个俊美通明的，便百般计较，拂抑阻滞，使他不得通达。这等的人，心私量狭，实是不能容受天下的贤才，若误用他做大臣，将使君子丧气，小人得志，把天下的事，件件都做坏了，如何能保我的子孙使他长久？又如何能保我黎民使他安乐？乱亡之祸，将由此而致矣。不亦岌岌乎危殆哉！”夫国家之治乱，系于大臣之公私如此，则任用大臣者，可以知所择矣。然必人君自公其好恶，方能择任公好恶之大臣，而诚意正心之学，又自公其好恶之本也，欲保其子孙黎民者，不可不知。

赏析

这一段讲的是容人，从段落内容来看，说的是臣子应该容人以及如何容人，但朱熹将这一段归在“治国”“平天下”下，那么这一段讲的容人也指君王应容人以及如何容人。《秦誓》中说能容人的人只需要有德行而不一定要有一技之长，只要他能包容别人的一切，别人有技能，自己就欣赏他，别人有德行，自己就喜欢他，而不是相反。只有这种能够包容别人的人才可以保护君王的子孙和百姓。

同样，如在位的君王自己不能包容别人，那么对于国家来说也是非常危险的。

将这一段的段意再延伸至普通人（也可以说返回到个人修养的问题上来）。任何人都需要以包容的态度对待他人，不管是他人的缺点还是优点。看到别人的优点就学习并鼓励别人继续发扬；看到别人的缺点就反省自身同时劝导别人改正，这才是君子应该具备的包容之心。

原文

唯仁人放流之①，迸[1]诸四夷②，不与同中国。此谓唯仁人为能爱人，能恶人[2]。见贤而不能举③，举而不能先，命[3]也。见不善而不能退，退而不能远[4]，过也[5]。好人之所恶，恶人之所好，是谓拂④人之性[6]，菑[7]必逮夫[8]身⑤[9]。是故君子有大道，必忠信以得之，骄泰⑥以失之[10]。

注释

①放流：流放，放逐。之：指代上述不能容人的人。

②迸诸四夷：驱逐到边远的夷狄的地方去。迸，通“屏”，逐退，驱除。

③举：推荐，任用。

④拂：违反。

⑤菑必逮夫身：灾祸必然加到自己身上来。逮，及。

⑥骄：骄傲；泰：侈肆。

译文

只有仁德的君王能够流放这种嫉贤妒能的人，把他们驱逐到边远的地方，不使他们和中原同教化。这叫作只有仁人能够爱人，能够恶（wù）人。见到贤德的人不能推荐，即使推荐了也不能重用，这只好怨命运了。见到不善的人不能辞退，或即使辞退了而不能远离他，这就是过错。喜欢别人所憎恶的，憎恶别人所喜欢的，这叫作违反人性，这样灾祸必然会降临到自己身上。所以君王处事重要的一条就是：凡事必须据忠信来求得，骄傲跋扈就会失去天下。

朱熹注

[1] 迸，读为屏，古字通用，犹逐也。[2] 言有此媢疾之人，妨贤而病国，则仁人必深恶而痛绝之。以其至公无私，故能得好恶之正如此也。[3] 命，郑氏云："当作慢。"程子云："当作怠。"未详孰是。[4] 远，去声。[5] 若此者，知所爱恶矣，而未能尽爱恶之道，盖君子而未仁者也。[6] 拂，逆也。好善而恶恶，人之性也。至于拂人之性，则不仁之甚者也。[7] 菑，古灾字。[8] 夫，音扶。[9] 自"《秦誓》"至此，又皆以申言好恶公私之极，以明上文所引《南山有台》《节南山》之意。[10] 君子，以位言之。道，谓居其位而修己治人之术。发己自尽为忠，循物无违谓信。骄者矜高，泰者侈肆。此因上所引《文王》《康诰》之意而言。章内三言得失，而语益加切，盖至此而天理存亡之几决矣。

张居正讲评

放流，是发遣。迸，是驱逐的意思。四夷，是四方夷狄之地。曾子说："那嫉贤妒能的人，若是用他在位，善人必受其害，纵是不用，只与他同处在一国，他也会造谗结党，倾陷善人，不可不遣之远去。但人君牵于私意，姑息了他，所以国家终受其害，独是仁德之君，至公至明，见得这样人为害不浅，即便放弃流徙之，驱逐在四夷边远地面，不许他同住在中国，以为善人之害，盖深恶痛绝，必除根而后已，这正是孔子所谓唯仁人能爱人、能恶人也。”盖仁人之心，至公无私，如明镜之不混于妍媸，权衡之不爽夫轻重，故能使彦圣有技之人，皆得尽其用，而娼嫉之害，不及于国家，盖好恶之极其公，而能絜矩者如此。

命字，当作慢字。过，是过失。曾子说：“贤人能利国家，举之不可不先也。彼人君之不知其贤者，固不足言矣。若明知他是贤人，却不能举用，或虽举用，又迟疑延缓，不能早先用他，这是以怠忽之心待贤人了，岂不是慢？不善之人，妨贤病国，去之不可不远也，彼人君之不知其恶者，固不足言矣，若明知他是不善的人，却不能退黜，或虽退黜，又优柔容隐，不能迸诸远方，是以姑息之心待恶人了，岂不是过？”夫善善而不能用，则何贵于知其善，恶恶而不能远，则何贵于知其恶，故人君之用舍，必任贤勿贰，去邪勿疑而后可，此曾子立言之意也。

前面说仁人能爱人，能恶人，是尽絜矩之道的。见贤不能举而先，见不善不能退而远，是未尽絜矩之道的。这一节是说不仁之人，与絜矩相反的。拂，是违拂。菑，是灾害。逮，是及。曾子说：“那谗邪乱政的恶人，是人所共恶的，本该退而远之，却乃喜其便己之私，反去信用他，这便是好人之所恶。尽忠为国的善人，是人所共好的，本该举而先之，却乃嫌其拂己之欲，反去疏弃他，这便是恶人之所好。夫好善恶恶乃人生的本性，今人之所恶，却去好他，人之所好，却去恶他，岂不违拂了人生的本性。既拂人性，必失人心，既失人心，必失天命，将见丧家败国，而灾害必及其身。”所谓辟则为天下僇者此也。盖好恶乃人君最要紧处，若好恶不公，举措失当，不止民心不服，亦且那爱民的都去了，害民的都在位，天下实受无穷之祸，毒既流于天下，怨必归于一人，乃自然之理也。好恶之极其私，而不能絜矩者如此。

君子，是有位的人。大道，是絜矩之道。其端发于吾心，而其为用，能使天下之人各得其所，是个荡荡平平的大道理。曾子承上文说："人之好恶，所以有公私之不同者，以其存心有不同也，是以君子有这絜矩的大道，其得其失，只看他存心何如。盖必忠以尽己而不欺，信以循物而无伪，则一心之中，浑然天理，于那好恶所在，才能以己度人而不差，推己及人而各当，便得了这絜矩的大道。仁人所以能爱人能恶人，而为民父母者此也。若或骄焉而矜夸自尊，泰焉而纵侈自恣，则一心之中私意障塞，于那好恶所在，不惟不肯同于人，且将任己之情，拂人之性，而流于偏僻之归矣，岂不失了这絜矩的大道。"不仁之人所以好人所恶，恶人所好，而菑逮夫身者，此也其得失之几如此，欲平天下者，可不存忠信而戒骄泰哉。

赏析

这一段是承接上一段说的，第一句的“放流之”中的“之”就是指上文中的不能容人的人，对于君王来说，不能容人的人就是不善之才（或是不贤之才）。不善之才就要远离他，并且放逐他到边远的地方；不让他与中原贤才同受教化。由此，我们可以看到这一段是对上一段《秦誓》提到的容人的重新解释。

这个重新解释是限定在君王任用贤才这个政治范围内的。同时，分别将能容人的人和不能容人的人的概念范围缩小为贤才和不贤之才。对于贤才，就要“举”而且能“先”，如果“不能举”或“举而不能先”就是“命”。这里的“命”，郑玄说应当作“慢”。慢即轻慢、怠慢的意思，“不能举”或“举而不能先”就是怠慢贤才。对于不贤之才，就要“退”，而且要“远”，如果“不能退”或“退而不能远”就是“过”。这里的过应该指政治上的过错。但是不管是“命”还是“过”，都是一个原因导致的，或者说不管是不“命”还是不“过”都需要一个条件：君王是否具有君子的“大道”。具有大道的君王才能不“命”又不“过”。什么样的君王才具有大道呢？文中给出一个反例：“好人之所恶，恶人之所好，是谓拂人之性，菑必逮夫身。”那么从正面来说好人之所好，恶人之所恶，才是人性的常理，自身才能得以保全。这是具有大道的君王应当做的，然而追根求本地说，“君子有大道，必忠信以得之，骄泰以失之”。这就又回到了个人修养的根本问题上来。尽管本章解释的是“治国”“平天下”，但总是将问题返回至“修身”。从这可以看出《大学》“传”文始终本着“经”文里“自天子以至于庶人，壹是皆以修身为本”的思想。

原文

生财有大道，生之者众，食之者寡，为之者疾①，用之者舒②，则财恒[1]足矣[2]。

仁者以财发身③，不仁者以身发财[3]。未有上好仁而下不好义④者也，未有好义其事不终⑤者也，未有府库财非其财者也[4]。

注释

①疾：疾速，迅疾，不误农时。

②舒：舒缓，量入为出。

③以财发身：散财以得民。发，起。

④义：宜，正义，指思想行为合于一定的道德准则。

⑤终：成功的意思。

译文

获取财富有几大原则：生产财富的人多，消耗财富的人少，掌管财富的人勤快，耗用财富的人节俭，这样才能使国家财富始终保持充足。

有仁德的人用财富完善自身品德，没有仁德的人用生命聚敛财富。没有听说过爱好仁德而臣民不喜欢道义的，没有听说过喜欢道义而不能帮助君王把事业进行到底的，没有听说过府库中用仁德得来的财物最终不属于君王自己的。

朱熹注

[1] 恒，胡登反。[2] 吕氏曰："国无游民，则生者众矣；朝无幸位，则食者寡矣；不夺农时，则为之疾矣；量入为出，则用之舒矣。"愚按：此因"有土""有财"而言，以明足国之道在乎务本而节用，非必外本内末而后财可聚也。自此以至终篇，皆一意也。[3] 发，犹起也。仁者散财以得民，不仁者亡身以殖货。[4] 上好仁以爱其下，则下好义以忠其上。所以事必有终，而府库之财无悖出之患也。

张居正讲评

生，是发生。疾，是急忙的意思。舒，是宽裕。曾子说："财用乃国家百务所需，当经理发生，使常有余，而所以发生之者，自有个正大的道理。盖货财皆产于地，若务农者少，则地力不尽，财何能生，必严禁那游惰之人，使他们都去务农，这是生之者众。凡官员人役的俸禄，都出于百姓每供给，若冗食者多，则钱粮未免虚耗，必将那冗滥的员役裁革了，惟是紧要不可省的方才存留，则冗食者少，百姓易于供给，这是食之者寡。农事各有时候，若差使不时，便迟误了他的农事，须轻省差徭，禁止工作，纵不得已而用民之力，亦必待冬间农隙之时，使百姓每都得以急忙去及时田作，这是为之者疾。财用出入，当有定规，若不撙节，未免匮乏，必须算计一年所入之数，以为所出之数，务于三年之中，积出一年的用度，九年之中，积出三年的用度，愈积愈多，使常有宽裕，这是用之者舒。夫生之众，为之疾，则有以开财之源，而其人也无穷。食之寡，用之舒，则有以节财之流，而其出也有限，闾阎不困于聚敛，而府库日见其盈余，常常足用，而不至于缺乏矣。”这是经国久远的规模，非一切权宜之小术可比，所以谓之大道也。然则有国者，岂必外本内末，而后财可聚哉？

发，是生发兴旺的意思。曾子说：“仁德之君，知道那生财的大道，只要使百姓富足，不肯专利于上，由是天下归心，而安处富贵崇高之位，这便是舍了那货财，去发达自己的身子。不仁之君，不知生财的大道，只要聚财于上，不管百姓每贫苦，由是天下离心，有败国亡身之祸，这便是舍着自己的身子，去生发那财货。”夫以财发身者，本不求财也，而民心既得，实未尝无财。以身发财者，本以奉身也，而乃至于丧身，则财将何用哉！其利害之迥绝不待较而知者也。

上，是君上。下，指百姓说。终，是成就的意思。曾子承上文仁者以财发身说：“君之爱民，仁也；民之忠于上，义也。上不好仁，而下不好义者有矣。若为人上者，轻徭薄赋，节用爱民，使百姓们都得其所，则那百姓每便都感激爱戴如人子之于父母，手足之于腹心，各输忠悃以自效矣，岂有不好义以忠其上者哉？下不好义，固有不终其君之事者，今下既好义，则事使之分明，而爱戴之情切，把君上的事，就如自己的家事一般，皆为之踊跃趋赴，而竭力以图成矣。岂有有始无终使不能成就者哉？下不好义而人心离畔，固有不能保其府库之财者。”今下既好义，则民供给于下，而君安富于上，把府库的财货就如自家的财货一般，皆为之防护保守，而长保其所有矣，岂有争夺悖出，使不能受享者哉？下之好义而能忠于上者，其效如此，莫非上之好仁启之也。然则为人上者，可不以志仁为务哉！

赏析

孔子说："君子爱财，取之有道。"这一段阐释的就是君子如何创造财富的道理和原则。这一段与"德者，本也；财者，末也"段同是说如何获得财富，但不同的是"德者，本也；财者，末也"段阐释的是德与财之间的关系，而且"德与财"段中的"财"指的是聚敛财富，用于国家政策就是征捐收税；而本段阐释的是如何创造财富，用于国家政策就是通过生产创造财富。这一段给出的生财之道有四点：生产财富的人多，消耗财富的人少，掌管财富的人勤快，耗用财富的人节俭。封建思想认为只有农业生产才能创造财富，而工、商等业不能创造财富。所以封建社会极力通过各种政策将民众束缚在农业生产上。如果说消耗财富的人少指的是精简国家公职人员，那么这一思想在现代社会依然适用。掌管财富的人勤快，不言而喻，指国家公职人员为公效命，不能怠惰。最后一条值得注意：曾子提倡节俭，他的这一思想在这里也体现出来。曾子提倡的节俭不仅指个人的节俭，也指国家公职人员乃至国君的节俭，就是国家公费的节俭，这里节俭的意思偏向后一种。曾子认为只有提倡节俭，才能使国家财富保持充足。这一段是《大学》里少有的经济思想。

《大学》毕竟是儒家政治和修身学说，而不是经济学说，所以文章立刻将经济思想转化成政策思想和个人（指君王或掌握大权的人）修养的问题上来，将创造财富的经济原则转成儒学的"仁"和"义"。

原文

孟献子①[1]曰："畜马乘不察于鸡豚②，伐冰之家③，不畜牛羊；百乘之家，不畜聚敛之臣④，与其有聚敛⑤之臣，宁有盗臣⑥。[2]"此谓[3]国不以利为利，以义为利也。长⑦[4]国家而务⑧财用者，必自小人[5]矣。彼⑨为善之[6]，小人之使为国家，菑害并至。虽有善者，亦无如之何⑩矣！此谓国不以利为利，以义为利也。[7]

注释

①孟献子：姓仲孙名蔑，鲁国贤能的大夫。

②"畜马乘"句：畜马乘，乘，音 shèng，用四匹马拉的车子。察，细察，关注。豚，猪。

③伐冰之家：能用伐冰保存遗体的家族，指卿大夫之家。伐冰，丧祭用冰来保存遗体。伐，击。

④百乘之家：拥有一百辆四马拉的车的家族，指有封邑的诸侯之家。聚敛之臣：搜刮钱财的官吏。

⑤聚：聚集。敛：征收。

⑥盗臣：盗窃府库钱财的臣子。

⑦长：音 zhǎng，指国家的君主。

⑧务：专心。

⑨彼：指君长。

⑩无如之何：无法对付，没有办法挽救了。

译文

孟献子说："拥有四匹马拉的车的大夫，不应该再去计较那些鸡猪之类的小事；享用凿冰丧祭的卿大夫，不应该再饲养牛羊；拥有百辆马车的卿大夫，不应该收养只顾聚敛民财的家臣，与其有这种家臣，还不如有那些盗窃府库财物的臣子。"这就是说治理国家不能以捞取财富为利益，而应该以倡导仁义为利益。

治理国家的君王专门致力于财富的聚敛，这一定是出自小人的主意。君王以为他是出于好心，如果国君任用奸臣小人处理国家事务，那么天灾人祸就一定会同时到来。到那时，即使有贤能的人出来收拾残局，也是挽救不了的。这说明治理国家不应以追逐财富为利益，而应以崇尚仁义为利益。

朱熹注

［1］孟献子，鲁之贤大夫仲孙蔑也。［2］畜，许六反。乘、敛，并去声。畜马乘，士初试为大夫者也。伐冰之家，卿大夫以上，丧祭用冰者也。百乘之家，有采地者也。君子宁亡己之财，而不忍伤民之力，故宁有盗臣，而不畜聚敛之臣。［3］"此谓"以下，释献子之言也。［4］长，上声。［5］自，由也，言由小人导之也。［6］"彼为善之"，此句上下，疑有阙文误字。［7］此一节，深明以利为利之害，而重言以结之，其丁宁之意切矣。

张居正讲评

孟献子，是鲁国的贤大夫。畜，是畜养。马四匹为乘，古时为大夫的，君赐之车，得用四马驾之。畜马乘，是士初试为大夫者也。察，是料理的意思。伐，是凿而取之。伐冰之家是卿大夫以上丧祭得用冰者，百乘之家是诸侯之卿有采地十里，可出兵车百辆的。孟献子说："畜马乘的人家，已自有了俸禄，不当又理论那鸡豚小事，以侵民之利。伐冰的人家，俸禄越发厚了，不当又畜养牛羊，以侵民之利。百乘的人家，他的俸禄用度，既有百姓每的赋税供给，不当又畜养那聚敛之臣，额外设法，以夺取民财。比似有聚敛财货之臣，宁可有盗窃府库之臣。盖盗臣，止于伤己之财，而聚敛之臣，则至于伤民之命，其何忍畜之以为民害耶？"孟献子之言如此。曾子解说："孟献子这几句言语，正是说有国家者，不当私利于己，而以利为利，只当公利于民，而以义为利也。"盖以利为利，则失了人心，败了国家，本是求利，却反有害。以义为利，则有人、有土、有财用，虽不求利，而利在其中矣。人君欲利其国家者，宜辨于斯。

上一节（孟献子曰……以义为利也。）言为国者，当以义为利。此又言求利之有害也。长国家，是一国的君长。自字，解做由字。彼为善之一句，疑有阙误，其义未详。灾是天灾，害是人害。曾子说："长国家者，当以义制利，而乃有专务聚敛财用者，岂是那为君上的本意要这等做，必是有等奸利小人，欲借此以希宠求进，乃倡为敛财富国之说，以投其君之所好，人君不察而信用之，是以外本内末，专务财用，自此始矣。这等小人，若使他治国家，则必以聚敛为长策，以掊克为善谋，夺民之财，以奉君之欲，将使民穷财尽，怨詈号呼，伤天地之和，生离畔之心，天灾人害，纷然并至，到这时节，虽有善人君子，也救不得了，求利之害如此。所以说，有国家者，必不可以利为利，但当以义为利也。通看这一章书，可见治平之要，只是一个絜矩。絜矩之事，不止一端，而其大者，则在用人理财，用人理财皆与民同，不私一己，便是絜矩。然其本，则曰慎德、曰忠信，又在人君自明其德，自诚其意，方才知得千万人之心，即一人之心，而能以我一人之心，为千万人之心，此又絜矩之本，惟圣明留意焉。

赏析

孟子在讨论义与利的关系时提出君子应该舍利而取义。这一段表达同一思想，只是针对治理国家来讨论义与利的关系。国家不应该以利为利，而应该以义为利，这是本段的结论，也是本段所要表达的思想。孟献子的意思是君子达到一定的地位的时候就不应该计较那些与自己身份不符合的小的利益，而应该将自己的精力放在如何为君王和国家效劳的事情上去。掌管大权的人或君王的家臣如果是只知聚敛民财而不思为国家和百姓谋取福利的人，那么这种人不如盗窃府库财物的臣子。这就是说，掌管大权的人或君王宁愿牺牲自己的财富也不能向百姓横征暴敛。如果横征暴敛盛行于国，那一定是小人的主意，是君王受小人蒙蔽才做出来的，一旦这种情况达到不可收拾的地步，即使有贤臣也无法挽回局面，“无如之何”了。这说明君王应注重用贤任善，更重要的是自己要为贤、为善。

朱熹提示

右传之十章，释“治国”“平天下”。凡[①]传十章：前四章统论纲领指趣[②]；后六章细论条目工夫[③]，其第五章乃明善之要；第六章乃诚身之本，在初学尤为当务之急，读者不可以其近而忽之也。

注释

①凡：总计。

②统：全面的意思。纲领：总纲。指趣：宗旨。

③条目：细目。工夫：素养，工力。

译文

朱熹说：上面一段是“传”文的第十章，是解释“治国平天下”的。“传”文一共有十章。前四章全面论述总纲的宗旨；后六章详细论述细目以及着力之所在。其中第五章阐释的是“至善”的要领；第六章阐释的是“修身”“诚意”的根本，对于初学者来说，它们实在是当务之急，不要认为其浅近就把它们忽视了。

张居正讲评

右传之十章，释治国平天下。

附一　朱熹《大学章句序》

《大学》之书，古之大学所以教人之法也。

盖自天降生民，则既莫不与之以仁义礼智之性矣。然其气质之禀或不能齐，是以不能皆有以知其性之所有而全之也。一有聪明睿智能尽其性者出于其间，则天必命之以为亿兆之君师，使之治而教之，以复其性。此伏羲、神农、黄帝、尧、舜所以继天立极，而司徒之职、典乐之官所由设也。

三代之隆，其法浸备，然后王宫、国都以及闾巷，莫不有学。人生八岁，则自王公以下，至于庶人之子弟，皆入小学，而教之以洒扫、应对、进退之节，礼乐、射御、书数之文；及其十有五年，则自天子之元子、众子，以至公、卿、大夫、元士之适子，与凡民之俊秀，皆入大学，而教之以穷理、正心、修己、治人之道。此又学校之教、大小之节所以分也。

夫以学校之设，其广如此，教之之术，其次第节目之详又如此，而其所以为教，则又皆本之人君躬行心得之余，不待求之民生日用彝伦之外，是以当世之人无不学。其学焉者，无不有以知其性分之所固有，职分之所当为，而各俛焉以尽其力。

此古昔盛时所以治隆于上，俗美于下，而非后世之所能及也！

及周之衰，贤圣之君不作，学校之政不修，教化陵夷，风俗颓败，时则有若孔子之圣，而不得君师之位以行其政教，于是独取先王之法，诵而传之，以诏后世。若《曲礼》《少仪》《内则》《弟子职》诸篇，固小学之支流余裔，而此篇者，则因小学之成功，以著大学之明法，外有以极其规模之大，而内有以尽其节目之详者也。三千之徒，盖莫不闻其说，而曾氏之传独得其宗，于是作为传义，以发其意。及孟子没而其传泯焉，则其书虽存，而知者鲜矣！

自是以来，俗儒记诵词章之习，其功倍于小学而无用；异端虚无寂灭之教，其高过于大学而无实。其他权谋术数，一切以就功名之说，与夫百家众技之流，所以惑世诬民、充塞仁义者，又纷然杂出乎其间。使其君子不幸而不得闻大道之要，其小人不幸而不得蒙至治之泽，晦盲否塞，反复沉痼，以及五季之衰，而坏乱极矣！

天运循环，无往不复。宋德隆盛，治教休明。于是河南程氏两夫子出，而有以接乎孟氏之传。实始尊信此篇而表章之，既又为之次其简编，发其归趣，然后古者大学教人之法、圣经贤传之指，粲然复明于世。虽以熹之不敏，亦幸私淑而与有闻焉。顾其为书犹颇放失，是以忘其固陋，采而辑之，间亦窃附己意，补其阙略，以俟后之君子。极知僭逾，无所逃罪，然于国家化民成俗之意、学者修己治人之方，则未必无小补云。

——淳熙己酉二月甲子，新安朱熹序

附二 《大学》原文

第一章 经文

大学之道，在明明德，在亲民，在止于至善。

知止而后有定，定而后能静，静而后能安，安而后能虑，虑而后能得。物有本末，事有终始，知所先后，则近道矣。

古之欲明明德于天下者，先治其国；欲治其国者，先齐其家；欲齐其家者，先修其身；欲修其身者，先正其心；欲正其心者，先诚其意；欲诚其意者，先致其知；致知在格物。

物格而后知至，知至而后意诚，意诚而后心正，心正而后身修，身修而后家齐，家齐而后国治，国治而后天下平。自天子以至于庶人，壹是皆以修身为本。

其本乱，而末治者，否矣。其所厚者薄，而其所薄者厚，未之有也。

第二章 释“明明德”

《康诰》曰：“克明德。”

《大甲》曰："顾諟天之明命。"

《帝典》曰："克明峻德。"皆自明也。

第三章　释"新民"

汤之《盘铭》曰："苟日新，日日新，又日新。"

《康诰》曰："作新民。"

《诗》曰："周虽旧邦，其命惟新。"是故君子无所不用其极。

第四章　释"止于至善"

《诗》云："邦畿千里，惟民所止。"

《诗》云："缗蛮黄鸟，止于丘隅。"子曰："于止，知其所止，可以人而不如鸟乎！"

《诗》云："穆穆文王，於缉熙敬止！"为人君，止于仁；为人臣，止于敬；为人子，止于孝；为人父，止于慈；与国人交，止于信。

《诗》云："瞻彼淇澳，菉竹猗猗。有斐君子，如切如磋，如琢如磨。瑟兮僩兮，赫兮喧兮。有斐君子，终不可諠兮！"

如切如磋者，道学也；如琢如磨者，自修也；瑟兮僩兮者，恂慄也；赫兮喧兮者，威仪也；有斐君子，终不可諠兮者，道盛德至善，民之不能忘也。

《诗》云："於戏！前王不忘。"君子贤其贤而亲其亲，小人乐其乐而利其利，此以没世不忘也。

第五章　释"本末"

子曰："听讼，吾犹人也。必也使无讼乎！"无情者，不得尽其辞。大畏民志，此谓知本。

第六章　释"格物""致知"

此谓知本。此谓知之至也。

第七章　释"诚意"

所谓诚其意者，毋自欺也。如恶恶臭，如好好色，此之谓自谦。故君子必慎其独也。

小人閒居为不善，无所不至，见君子而后厌然，掩其不善，而著其善。人之视己，如见其肺肝然，则何益矣。此谓诚于中，形于外，故君子必慎其独也。

曾子曰："十目所视，十手所指，其严乎？"

富润屋，德润身，心广体胖，故君子必诚其意。

第八章　释“正心”“修身”

所谓修身在正其心者，身有所忿懥，则不得其正；有所恐惧，则不得其正；有所好乐，则不得其正；有所忧患，则不得其正。

心不在焉，视而不见，听而不闻，食而不知其味，此谓修身在正其心。

第九章　释“修身”“齐家”

所谓齐其家在修其身者，人之其所亲爱而辟焉，之其所贱恶而辟焉，之其所畏敬而辟焉，之其所哀矜而辟焉，之其所敖惰而辟焉。故好而知其恶，恶而知其美者，天下鲜矣。

故谚有之曰：“人莫知其子之恶，莫知其苗之硕。”此谓身不修不可以齐其家。

第十章　释“齐家”“治国”

所谓治国必先齐其家者，其家不可教而能教人者，无之。故君子不出家而成教于国。孝者，所以事君也；弟者，所以事长也；慈者，所以使众也。

《康诰》曰："如保赤子。"心诚求之，虽不中，不远矣。未有学养子而后嫁者也。

一家仁，一国兴仁；一家让，一国兴让；一人贪戾，一国作乱：其机如此。此谓一言偾事，一人定国。

尧、舜帅天下以仁，而民从之；桀、纣帅天下以暴，而民从之；其所令反其所好，而民不从。是故君子有诸己而后求诸人，无诸己而后非诸人。所藏乎身不恕，而能喻诸人者，未之有也。

故治国在齐其家。

《诗》云："桃之夭夭，其叶蓁蓁。之子于归，宜其家人。"宜其家人，而后可以教国人。

《诗》云："宜兄宜弟。"宜兄宜弟，而后可以教国人。

《诗》云："其仪不忒，正是四国。"其为父子兄弟足法，而后民法之也。此谓治国在齐其家。

第十一章　释"治国""平天下"

所谓平天下在治其国者，上老老而民兴孝；上长长而民兴弟；上恤孤而民不倍。是以君子有絜矩之道也。

所恶于上，毋以使下；所恶于下，毋以事上；所恶于前，毋以先后；所恶于后，毋以从前；所恶于右，毋以交于左；所恶于左，毋以交于右。此之谓絜矩之道。

《诗》云："乐只君子，民之父母。"民之所好好之，民之所恶恶之，此之谓民之父母。

《诗》云："节彼南山，维石岩岩。赫赫师尹，民具尔瞻。"有国者不可以不慎，辟则为天下僇矣。

《诗》云："殷之未丧师，克配上帝。仪监于殷，峻命不易。"道得众则得国，失众则失国。

是故君子先慎乎德。有德此有人，有人此有土，有土此有财，有财此有用。

德者，本也；财者，末也。

外本内末，争民施夺。

是故财聚则民散，财散则民聚。

是故言悖而出者，亦悖而入；货悖而入者，亦悖而出。

《康诰》曰："惟命不于常。"道善则得之，不善则失之矣。

《楚书》曰："楚国无以为宝，惟善以为宝。"

舅犯曰："亡人无以为宝，仁亲以为宝。"

《秦誓》曰："若有一个臣，断断兮无他技，其心休休焉。其如有容焉。人之有技，若己有之。人之彦圣，其心好之，不啻若自其口出，实能容之，以能保我子孙黎民，尚亦有利哉。人之有技，媢疾以恶之；人之彦圣，而违之俾不通，实不能容，以不能保我子孙黎民，亦曰殆哉。"

唯仁人放流之，迸诸四夷，不与同中国。此谓唯仁人为能爱人，能恶人。见贤而不能举，举而不能先，命也。见不善而不能退，退而不能远，过也。好人之所恶，恶人之所好，是谓拂人之性，菑必逮夫身。是故君子有大道，必忠信以得之，骄泰以失之。

生财有大道，生之者众，食之者寡，为之者疾，用之者舒，则财恒足矣。

仁者以财发身，不仁者以身发财。未有上好仁而下不好义者也，未有好义其事不终者也，未有府库财非其财者也。

孟献子曰：“畜马乘不察于鸡豚，伐冰之家，不畜牛羊；百乘之家，不畜聚敛之臣，与其有聚敛之臣，宁有盗臣。”此谓国不以利为利，以义为利也。长国家而务财用者，必自小人矣。彼为善之，小人之使为国家，菑害并至。虽有善者，亦无如之何矣！此谓国不以利为利，以义为利也。